VIE
DE L'INFANT
DOM HENRI
DE PORTUGAL.

VIE
DE L'INFANT
DOM HENRI
DE PORTUGAL,

AUTEUR des premières découvertes qui ont ouvert aux Européens la route des Indes;

Ouvrage traduit du Portugais

Par M. l'Abbé DE COURNAND.

TOME PREMIER.

A LISBONNE;

Et se trouve A PARIS,

Chez P. M. NYON le jeune, Libraire, Place des Quatre Nations, à Sainte Monique.

M. DCC. LXXXV.

DISCOURS
PRÉLIMINAIRE.

LE deſſein que j'ai eu en traduiſant ce morceau d'hiſtoire, a été de faire connoître à la Nation un Prince dont on ne ſavoit guere que le nom, avant que le Révérend Pere Freire de l'Oratoire de Portugal eût pris la peine de recueillir les principaux événemens de ſa vie. Cependant, s'il y a une fonction digne de l'hiſtoire, c'eſt celle de nous conſerver la mémoire des hommes célebres qui ont honoré la nature humaine par leurs vertus, & leur siecle par leurs lumieres. Le Prince Henri, conſidéré ſous ce point de vue, auroit dû trouver, il y a long-tems, des Hiſtoriens qui euſſent mis ſon caractere & ſes entrepriſes dans tout leur jour. Mais il y a une eſpece de fatalité pour les Princes comme

ij *DISCOURS*

pour les particuliers, & ce n'eſt pas la premiere fois qu'on a obſervé que les réputations dépendent beaucoup des caprices de la fortune.

Le Prince dont on va lire la vie a réuni toutes les qualités qui doivent faire remarquer les perſonnes de ſon rang, & leur donner une place diſtinguée dans les annales du genre humain. Il avoit l'ame d'un Héros, il en déploya les talens dans la guerre, il y joignit des vertus plus aimables qui en firent les délices de ſa Nation, une douceur qui ne ſe démentit jamais, un grand amour pour la Religion, une bienveillance ſinguliere pour tous les hommes, & en particulier pour les perſonnes de mérite qu'il ſut s'attacher par des diſtinctions & des récompenſes. Mais ce qu'il entreprit pour les progrès de la Navigation au milieu des ténebres de ſon ſiecle, le ſépare pour ainſi dire de la foule des Héros, & lui aſſure un rang que les plus grands hommes ne sauroient lui disputer. Quelle force de génie ne lui fallut-il pas pour former des entreprises si vastes & si nouvelles ? Il n'avoit nul secours dans les lumieres de ses contemporains ; il étoit seul à s'occuper d'un si grand Ouvrage, & dès les premieres tentatives qu'il fit, il eut mille contradictions à essuyer. Il lui fallut braver les clameurs du préjugé & de l'ignorance, guider, comme malgré eux, les Navigateurs vers les Régions qu'il vouloit découvrir, & ce ne fut que par une étonnante fermeté & quarante ans de constance qu'il vint à bout d'exécuter une partie de ses desseins. Disons-le hardiment, l'Infant Dom Henri fut le plus grand homme du quinzieme siecle.

Jettons un coup-d'œil sur ce tems là. Nous verrons toutes les Nations occupées à se déchirer par des guerres sanglantes. C'étoit le tems où les animosités de la France & de l'Angleterre régnoient avec le plus de fureur. L'Espagne songeoit à achever de recouvrer ses anciens Domaines usurpés par les Maures : les hostilités recommençoient tous les jours, & le sang des Chrétiens couloit avec celui des Infideles dans mille petits combats que la vanité honoroit du nom de batailles. On connoît l'état misérable où l'Italie & l'Allemagne étoient souvent plongées par les querelles des Guelfes & des Gibelins. Dans aucune contrée de l'Europe il n'étoit question d'encourager les Peuples à la culture des Arts. Le seul Art connu & en honneur étoit le métier des Armes. Je ne parle point des Arts de premiere nécessité qui étoient abandonnés à la plus vile partie du Peuple & qui ne sortoient point du cercle étroit d'une routine grossiere. L'Angleterre que nous avons vue depuis si redoutable sur les Mers, n'avoit d'autre Marine que celle qui lui servoit à transporter en

France de puissantes Armées. Notre Nation ne sentoit pas l'avantage qu'elle pouvoit tirer de sa situation & de ses ressources pour le Commerce. Elle n'avoit ni Vaisseaux, ni Arsenaux, ni aucune idée de Navigation. C'étoit les Génois, les Pisans, les Vénitiens qui faisoient à nos dépens le peu de Commerce que pouvoit comporter l'état de détresse où se trouvoit souvent la Monarchie. Ces Républiques mêmes ne connoissoient point d'autre Mer que la Méditerranée où elles navigeoient avec de petits Vaisseaux qui n'osoient s'éloigner des Côtes, & qui étoient comme bornés à une espece de cabotage. Cependant ces Républiques étoient puissantes, parce qu'il n'y avoit qu'elles qui eussent l'industrie & l'expérience nécessaires pour ces sortes d'entreprises. Ce fut dans de telles circonstances que le Prince Henri vit le jour. Ses premiers pas dans le monde furent des victoires;

mais il s'apperçut bientôt qu'il y avoit une sorte de gloire à acquérir, infiniment plus flateuse que celle des Armes, & il songea aux moyens de tourner de ce côté là les regards de sa Nation.

Le Portugal, qui a joué un si grand rôle sur la scene du monde depuis ce Prince, n'étoit, avant lui, qu'une lisiere du continent de l'Espagne défendue par un Peuple guerrier contre les insultes des Maures, à qui il avoit fallu arracher morceaux par morceaux ce Pays si connu dans l'antiquité sous le nom de Lusitanie. C'étoit même uniquement dans le dessein de se faire une barriere contre les Infideles, que les Rois de Castille avoient cédé ce territoire à des Comtes particuliers qui, aidés de leur propre valeur & de celle des Étrangers que le goût des aventures chevaleresques attiroit chez eux, étoient enfin parvenus à se former un état indépendant. Une

Noblesse nombreuse & guerriere qu'ils conduisoient toujours eux-mêmes contre l'ennemi, les avoit proclamés Rois sur le champ de bataille. Après avoir vaincu les Maures, il s'étoit élevé entre eux & les Rois de Castille des différens qu'ils vuidoient ordinairement les Armes à la main. Les braves Portugais, soutenus par l'enthousiasme de la valeur, si redoutable quand il forme l'esprit d'une Nation, eurent souvent contre les Castillans les mêmes succès qu'ils avoient eu contre les Maures. Mais comme ils avoient affaire à des Armées mieux disciplinées & qui savoient se replier après la défaite, il n'étoit point si facile de faire des progrès dans le pays ennemi, & de conquérir des terres sur les Chrétiens, comme on en avoit conquis sur les Infideles. Les deux Nations se battoient avec le même courage, & s'estimoient mutuellement. Enfin, après s'être souvent tâtées, les guerres finissoient toujours par des Traités de Paix qui laiſſoient chaque Peuple dans ſes bornes naturelles, marquées par de hautes Montagnes & de grands Fleuves.

Je me repréſente donc le Portugal comme rempli d'un Peuple aguerri & entreprenant, mais circonſcrit dans ſon propre Pays, & ne pouvant guere tenter de conquêtes dans ſon voiſinage, reſſerré d'un côté par les Caſtillans toujours attentifs aux moindres mouvemens de leurs Rivaux, de l'autre ayant pour barriere le vaſte Océan, où les idées de ce tems là ne permettoient point de penſer qu'on pût trouver des Terres nouvelles. Cependant il falloit occuper une Nation inquiete & remuante qui ne pouvoit ſouffrir le repos, & qui étoit aſſez libre pour exciter des orages funeſtes ſi on la laiſſoit dans l'inaction. Voilà en partie les motifs qui déciderent ſouvent les Princes Portugais à paſſer dans le continent de l'Afrique pour

PRÉLIMINAIRE. ix

faire des conquêtes fur les Maures ; joignez-y la haine invétérée qu'ils avoient pour cette Nation, & le zele religieux qui leur faifoit efpérer de la convertir au Chriftianifme, ou du moins de l'établir dans ces régions après en avoir chaffé les Sectateurs de Mahomet. Il eft vrai que quelques Princes avoient des idées plus juftes & plus réfléchies fur ces entreprifes Militaires ; ils y voyoient des moyens de fonder une grande Puiffance & un grand Commerce. Mais aucun d'eux ne les pouffa plus loin que l'Infant Dom Henri.

Il faut d'abord obferver que ce Prince aimoit extrêmement la gloire. Nous n'examinerons point s'il fut toujours heureux dans les idées qu'il s'en étoit formé. Il eft des défauts qu'on eft obligé de pardonner aux ames du premier ordre, parce qu'elles reçoivent plus ou moins l'impulfion de leur fiecle, & qu'il n'eft donné à perfonne de s'affranchir entiérement des préjugés qui tour-à-tour entraînent & subjuguent les Nations. Un Peuple accoutumé à ne s'entretenir que de combats & à n'admirer que ce qui présente l'image des succès guerriers, communique aux ames les plus douces une certaine fierté qui les fait soupirer après les succès auxquels l'opinion publique attache la réputation & la gloire. Ce fantôme trompeur jette pour ainsi dire un voile sur l'humanité outragée, & cache ses malheurs aux yeux d'un Héros, d'ailleurs sensible & bienfaisant; & les caracteres les plus aimables nous paroissent féroces, quand on les voit marcher à la tête d'un Peuple qui ne respire que le sang & la destruction de ses ennemis.

Mais ces taches presque inévitables dans certaines circonstances où les grands hommes se trouvent placés, disparoissent à nos yeux, si nous les voyons dans le reste de leur vie, occupés

PRÉLIMINAIRE. xj

d'une gloire plus vraie & plus utile au genre-humain. Alexandre fondant des Colonies depuis l'Égypte jufqu'aux Indes pour unir toutes les Nations par les liens du Commerce, me fait oublier cet Alexandre qui paffe comme un torrent dans les Pays qu'il veut foumettre à fa domination. De même je ferme les yeux fur les expéditions que l'Infant Dom Henri entreprit en Afrique, & qui furent plus funeftes qu'avantageufes au Portugal. Ce qu'il fit pour étendre la Navigation dans l'Univers, lui fert d'apologie, & nous montre de quelle maniere il aimoit la gloire.

Pour peu qu'on ait obfervé les hommes, on verra qu'il y a deux fortes d'inftincts de gloire qui diftinguent les grandes ames des petites. L'un eft une impétuofité aveugle qui ne fuit que l'impreffion des préjugés du moment, ou une inquiétude fans objet qui forme mille deffeins sans en exécuter aucun, une maladie de l'esprit qui nous fait désirer les grandes choses en nous cachant l'impuissance réelle où nous sommes d'y réussir; l'autre au contraire est l'effort vigoureux d'un génie qui sent ses ressources & qui les déploie à propos, qui ne fait aucune démarche sans avoir un objet déterminé & d'une utilité générale, sur lequel il a long-tems réfléchi; tel étoit le caractere de l'Infant.

C'est une grande & belle idée sans doute que celle de vouloir découvrir des Mers & des Terres inconnues. Mais ce qu'il y a de plus étonnant, c'est de voir un jeune homme s'en occuper profondément, la nourrir pendant plusieurs années avant de la mettre en exécution, y rapporter toutes ses études, & ne laisser échapper aucune occasion de prendre les lumieres nécessaires pour parvenir à la réussite de son projet. S'il y a quelque chose qui caractérise le génie, c'est une pareille conduite. C'est même un rapport frappant qu'on peut remarquer entre le Prince Henri & Christophe Colomb. Tous deux naquirent pour les progrès de l'Art de la Navigation; tous deux en firent le sujet de leurs méditations favorites, & furent enflammés d'un amour égal pour la gloire. Tous deux eurent des obstacles sans nombre à surmonter, & ne se rebuterent pas. Les tentatives de l'un & de l'autre n'eurent d'abord que des succès médiocres qui justifierent en quelque sorte les murmures de leurs Contemporains. Mais ils triompherent à la longue des oppositions de la nature & de celles des hommes encore plus défavorables à leurs grands desseins; & prouverent plus que jamais la vérité de cette maxime ancienne, qu'une constance opiniâtre vient à bout de tout.

 Il semble même que la nature ait fait un plus grand effort en donnant au monde le Prince de

Portugal, qu'en produifant Chriftophe Colomb. Celui-ci avoit déja devant lui l'expérience de près d'un fiecle de Navigations hafardeufes entreprifes par des hommes qui lui étoient inférieurs en talens, mais qui ne lui cédoient point en courage. Leurs travaux avoient été couronnés du fuccès; toutes les Côtes de l'Afrique depuis le Détroit de Gibraltar jufqu'au Cap-de-Bonne-Efpérance étoient connues. Vafco de Gama alloit fe frayer une route aux Indes en doublant ce fameux Cap; les Portugais pénétroient déja en idée jufqu'aux extrémités de la Chine & du Japon: tout avoit été préparé pour ainfi dire, & il ne reftoit plus qu'un pas à faire pour découvrir l'Amérique : bien plus, elle auroit été découverte fans Chriftophe Colomb par les côtes du Bréfil, comme on le vit quelque tems après, & cela par la même route que l'Infant Dom Henri avoit tracée à fes Pilotes. D'ail-

PRÉLIMINAIRE. xv

leurs, où le Navigateur Génois s'étoit-il formé ? Où avoit-il pris les premieres idées de son projet ? à Lisbone, dans les lieux mêmes où l'ombre de l'Infant sembloit vivre encore, dans les entretiens qu'il avoit eus avec les habiles Marins sortis des Écoles de ce Prince. Ajoutons qu'on avoit alors des Vaisseaux plus grands & en état de soutenir les fatigues d'une longue Navigation. Les Habitans des Côtes d'Espagne étoient singuliérement exercés aux travaux de la Mer, qui étoit devenue pour ainsi dire leur élément ; & leur courage naturel joint à une longue expérience leur en faisoit mépriser tous les périls. Au lieu que le Prince Henri étoit seul avec son génie. Les Pilotes de son tems n'avoient qu'une routine grossiere dont ils ne s'écartoient pas. Quoique la Boussole fût déja connue, ils n'osoient s'éloigner des Côtes ; l'Art de construire des Vaisseaux étoit dans un état d'enfance; on ne fentoit pas la néceffité d'en faire de grands, parce que les voyages n'étoient jamais de longue durée. Il en étoit des Portugais d'alors, comme des petites Puiffances d'Italie, qui font quelque Commerce dans la Méditerranée. Elles ne naviguent qu'avec de petits Bâtimens qui leur fuffifent pour le tranfport de leurs Marchandifes, & pour les traverfées médiocres qu'elles font dans les Ports de France & d'Efpagne.

Les efforts des hommes font prefque toujours en proportion de leurs befoins. Ce font les befoins qui développent le génie des Peuples, & les excitent à perfectionner les Arts. Pourquoi la Marine a-t-elle été fi long-tems dans une efpece d'enfance, relativement aux progrès qu'elle a fait depuis quelques fiecles? C'eft qu'on n'avoit aucun befoin de ces maffes énormes qui dominent aujourd'hui fur les Mers, c'eft qu'on n'affrontoit point les

PRÉLIMINAIRE. xvij

tempêtes du vaste Océan, & qu'on n'étoit point dans le cas de se charger de vivres pour des années entieres, d'avoir des Équipages nombreux qui font ressembler un Vaisseau à une Ville flotante, Équipages nécessaires néanmoins dans ces longues Navigations où le travail de la Mer devient plus pénible, où l'on est exposé à avoir beaucoup de Malades, à perdre beaucoup de monde par les infirmités particulieres aux Gens de Mer, & par la mauvaise qualité des alimens & des boissons qui se corrompent dans la traversée. Les Phéniciens & les Grecs qui faisoient dans l'antiquité tout le Commerce de l'Europe, n'étoient point sujets à ces inconvéniens. Ils pouvoient naviger avec peu de monde & avec de petits Vaisseaux. Pourquoi en auroient-ils eu de grands? Ils relâchoient presque à tous les Ports; ils pouvoient coucher à Terre presque toutes les nuits.

D'ailleurs, dans les voyages de plus long cours, ils avoient des Étapes fréquentes qui leur servoient d'afyle pour fe radouber & prendre des vivres. C'étoit même en partie dans ce deffein qu'ils fondoient des Colonies felon le befoin de leur Commerce. Quand les Grecs commencerent à trafiquer dans la Mer Noire, ils bâtirent plufieurs Villes fur les Côtes de cette Mer; les Phéniciens firent de même, lorfqu'ils pousserent leur Commerce hors de la Méditerranée, & qu'ils allerent jufques dans la grande Bretagne chercher les Métaux grossiers qu'ils venoient vendre dans le Midi de l'Europe; leurs Vaiffeaux & leurs Équipages étoient continuellement ravitaillés dans les Ports dont ils s'étoient rendus maîtres. Ils pouvoient donc faire des entreprifes de Commerce à moins de frais, & comme la Marine Militaire eft toujours dans une certaine proportion avec la Marine Marchande, les plus gros

Vaiſſeaux d'alors n'étoient que des Galeres chargées d'un plus grand nombre de Rameurs, ſi on en excepte quelques machines énormes dont il eſt parlé dans l'Hiſtoire, mais qui furent plutôt des monumens de l'oſtentation de certains Princes, que des Bâtimens deſtinés à un ſervice réel.

 Ce ſeroit ici le lieu de dire quelque choſe de l'origine, des progrès & des changemens arrivés dans l'Art de la Navigation. Les Poëtes & les Orateurs ont beaucoup vanté le courage de celui qui s'expoſa le premier ſur un bois fragile, & brava le courroux des vents & des flots. Mais ſi l'on veut y faire attention, on trouvera que la Navigation n'eſt peut-être pas moins naturelle à l'homme que l'Art de nager. Du moins un peu de réflexion aura ſuffi aux premiers hommes pour s'aſſurer qu'on pouvoit ſe ſoutenir ſur les flots en aſſemblant quelques pieces de bois.

Les arbres que les torrens ou la vieillesse détachoient de leurs racines, & qu'ils voyoient floter sur les ondes, leur auront appris de bonne heure les propriétés de la matiere dont ils sont formés. Le hasard des essais heureux, les auront confirmés dans leurs idées, & après s'être exposés sur des troncs d'arbre liés ensemble, ils auront creusé des Canots. Les premiers essais en ce genre se feront faits dans les Rivieres où il y avoit moins à risquer; & comme la Natation n'étoit pas une si grande affaire pour ces Peuples que pour nous, à qui on fait dans notre enfance des frayeurs continuelles du danger des eaux, ils pouvoient aisément se sauver sur le rivage, lorsque leur mal-adresse, leur imprudence ou un coup de vent renversoit la frêle barque qui les portoit. Voilà les conjectures les plus vraisemblables qu'on peut former sur la premiere origine de la Navigation. Ce qui acheve de dissiper le merveilleux qu'on a voulu répandre fur la naiſſance de cet Art, c'eſt qu'on l'a trouvé généralement établi chez tous les Peuples voiſins de la Mer. Les plus ſtupides mêmes ont ſenti l'avantage qu'ils pouvoient tirer de cet élément pour la Pêche du Poiſſon qui ſervoit à leur ſubſiſtance, & pour celle des Coquillages qui leur fourniſſoient une eſpece de décoration. Ils ont donc conſtruit des Canots, & ſe ſont haſardés à parcourir les Côtes voiſines de leur demeure.

Quant aux courſes plus éloignées, & qui ſuppoſent une plus grande combinaiſon d'idées, elles appartiennent inconteſtablement aux Peuples civiliſés. C'eſt en Égypte, une des régions les plus anciennement connues & habitées qu'il faut chercher les premiers Pilotes. C'eſt là qu'on aura appliqué de bonne heure les connoiſſances Aſtronomiques à l'Art de la Navigation. Les Phéniciens voiſins de cette Contrée

xxij *DISCOURS*
& inftruits dans la Science des Égyptiens, auront reçu d'eux des lumieres qui leur étoient d'autant plus néceffaires, que l'ingratitude de leur fol & leur caractere induftrieux tournoient naturellement leurs vues du côté de la Marine & du Commerce. En parcourant fouvent la Mer, on apprend les pratiques les plus utiles, on s'accoutume à diftinguer les circonftances où l'on peut fe fervir plus avantageufement des Rames ou des Voiles, & en fréquentant différens Ports, on fe fait une idée de la maniere dont il faut conftruire les Vaiffeaux pour y entrer facilement & y trouver un afyle fûr. Les Grecs, dont plufieurs Villes avoient été fondées par les Phéniciens, reçurent auffi leurs Arts. Il n'étoit pas naturel que ces Peuples tranfplantés fur un fol étranger oubliaffent les Arts qui avoient continuellement frappé leurs yeux dans leur Patrie, & dont ils s'étoient occupés eux-mêmes.

D'ailleurs plusieurs Contrées de la Grece étoient pauvres, & il n'y avoit pas d'autre moyen de se procurer des richesses & de la puissance que de profiter de la mollesse & de l'indolence des différens Peuples qui attendoient qu'on portât chez eux les objets de luxe qu'ils payoient avec les productions d'un climat fertile.

Je ne dirai rien des Habitans des Isles qui exerçoient la Piraterie dans des tems plus reculés, comme les Crétois & différentes Peuplades de l'Archipel. De tels Navigateurs étoient plutôt un obstacle aux progrès de l'Art qu'ils ne le favorisoient. Par-tout où ils étendoient leurs courses, ils faisoient des maux infinis, & ce ne fut que dans la suite qu'on eut moins à se plaindre de leurs ravages, lorsque différens Législateurs les eurent dégoûtés de leurs brigandages pour les accoutumer à la culture des terres.

Mais une époque bien remarquable dans l'Art de la Navigation fut la victoire des Athéniens sur les Perses devant Salamine. On en eut l'obligation à Thémistocle, qu'il faut regarder comme le premier homme d'État qui ait songé à fonder une Puissance Maritime. Son génie lui fit sentir qu'il n'y avoit pas d'autre moyen d'élever sa Patrie à un degré de force & de gloire qui pût le disputer aux États les plus florissans de la Grece. On se mit donc à construire des Vaisseaux, il y eut des fonds destinés à l'entretien des Flotes ; & comme dans la Démocratie d'Athenes les riches étoient bien plus dans la dépendance du Magistrat que les pauvres, & que d'ailleurs il falloit se rendre utile au Public pour arriver aux premiers emplois, il y eut une noble émulation pour le métier de la Mer, & quand on se refusa aux dépenses nécessaires pour soutenir la Marine, le Gouvernement sut y contraindre les particuliers.

On

On sait le degré de prospérité où Athenes parvint sous Periclès. Cette prospérité avoit été préparée par la navigation d'un peuple industrieux & vigilant sur ses intérêts. Les richesses foncieres d'Athenes étoient peu de chose; mais son commerce étoit considérable, & sa Marine Militaire capable d'en imposer non-seulement aux petits États de la Grece qu'elle avoit rendus ses tributaires, mais encore à toute la puissance des Perses. La guerre du Péloponnese fut malheureuse pour Athenes ; les armées de Sparte triompherent en plusieurs occasions, dont quelques-unes furent décisives. Mais il restoit toujours à Athenes les ressources de sa Marine; Sparte voulut les lui enlever, elle fit construire des Vaisseaux, elle en obtint de ses Confédérés que la dureté du Gouvernement Athénien avoit aliénés. Les Spartiates battirent les Athéniens en différentes rencontres. Mais cet éclat maritime n'eut point de suite. Lacédémone étoit trop fiere pour s'abaisser jusqu'à exercer le négoce qu'elle regardoit comme le partage d'un peuple d'artisans & d'esclaves. Athenes reprit quelque tems après l'empire de la mer, & le conserva jusqu'au moment où les armes d'Alexandre anéantirent toute autre Puissance.

Un nouvel ordre de choses parut sous ce Conquérant de l'Asie. Alexandre avoit une ame grande dont l'activité s'étendoit à tout. Il forma le projet le plus vaste qui fût jamais entré dans la tête d'aucun Souverain, celui de lier toutes les parties de son Empire par le commerce, dont le principal entrepôt devoit être à Alexandrie qu'il venoit de fonder en Egypte à l'embouchure du Nil. On connoît la route par laquelle il faisoit arriver dans cette Ville les précieuses épiceries & les riches étoffes des Indes : delà elles se répandoient en Europe. Un si grand commerce devoit

PRÉLIMINAIRE. xxvij

occuper un nombre prodigieux de Vaisseaux. Car tout le Midi de l'Europe étoit alors rempli de Villes & de Nations florissantes sans compter l'Asie mineure & tous les pays qui sont au Nord de cette Contrée, & ceux qui bordent la côte orientale de la mer Noire jusqu'à la mer Caspienne. Après la mort d'Alexandre, les Royaumes qui se formerent des débris de son vaste Empire profiterent tous, plus ou moins, de ce riche commerce, & eurent un éclat inconnu jusqu'alors. Ils possédoient des trésors immenses qui étoient le fruit de l'échange continuel de leurs productions, de leurs manufactures, & des profits qu'ils faisoient sur les marchandises des Indes, exportées dans tous les pays policés. Cette prospérité dura jusqu'à l'agrandissement de la puissance Romaine qui se déborda comme un torrent après avoir soumis tous les petits peuples de l'Italie.

b ij

Mais dans le tems qu'Alexandre conquéroit l'Asie, il existoit en Afrique une République fille de Tyr que ce Prince avoit détruite, & qui remplaça bientôt cette Ville fameuse, la surpassa même par son génie pour le commerce qu'elle étendit plus loin qu'il n'avoit encore été. Les Carthaginois, se trouvant pour ainsi dire au centre de cette longue côte d'Afrique qui s'étend depuis l'embouchure du Nil jusqu'aux colonnes d'Hercule, firent presque tout le commerce de cette vaste Contrée, & ne bornerent point là leur ambition. Ils envoyoient des Vaisseaux dans les États de la Grece, en Espagne, dans les Gaules, & même dans la Grande Bretagne. La Sicile, cette Contrée si déchue de son ancienne prospérité, étoit pour eux une source de richesses, & ils ne négligerent rien pour s'en rendre maîtres. A mesure qu'ils s'agrandissoient en Afrique, ils porterent leurs vues sur le Continent de l'Espagne où ils avoient déja plusieurs Colonies. Il y a des momens où les Puissances commerçantes sont pour ainsi dire forcées à prendre l'esprit de conquête sous peine de se perdre elles-mêmes, faute de déployer toutes leurs ressources. Carthage ne manqua point ce moment : elle avoit des citoyens ambitieux qui ne demandoient pas mieux que d'être employés à soumettre les différentes Nations de l'Espagne, dans le dessein peut-être d'asservir ensuite leur Patrie. Leur Marine, la plus nombreuse & la plus puissante qui fût alors, les mettoit en état de faire passer continuellement des secours en Espagne, & de fatiguer en mille manieres les Peuples qu'ils vouloient assujettir. C'étoit à peu-près le tems où les Romains débarrassés de Pyrrhus, & ne sachant plus que faire chez eux, préterent l'oreille aux plaintes de quelques Villes d'Italie & de Sicile qui imploroient leur secours contre les Carthaginois ; le génie de Rome créa aussi-tôt une Marine pour balancer la puissance de Carthage. Ce qu'il y eut de plus étonnant, c'est qu'après une guerre de vingt-quatre ans, elle finit par dicter les conditions de la paix. On vit paroître des deux côtés des flottes de près de 400 Vaisseaux qui n'étoient que des Galeres dont on armoit les Proues de pieces de fer pour les rendre plus redoutables dans les chocs qu'elles se livroient entre elles. Quand la guerre recommença sous la conduite d'Annibal, ce ne furent plus les armées de mer, mais celles de terre qui déciderent lequel des deux Peuples demeureroit le maître du monde. Cependant Carthage fit des efforts incroyables pour se soutenir dans le moment de sa chûte ; mais il fallut enfin succomber.

Histoire de Provence, par le P. Papon, T. I.

Long-tems auparavant, Phocée, Ville de l'Asie mineure,

avoit formé fur la côte méridionale des Gaules une Colonie dont la prospérité auroit égalé celle des Puissances maritimes les plus florissantes, si l'esprit de modération ne s'y étoit toujours maintenu depuis son établissement. Marseille avoit eu des avantages considérables sur les Carthaginois ; elle étoit en quelque sorte maîtresse de toute la côte des Gaules depuis les Pyrénées jusqu'en Ligurie ; elle avoit fondé des Villes dans toutes ces Contrées sauvages, & son commerce n'avoit pas peu contribué à polir les mœurs de ces peuples. Mais Marseille n'eut jamais d'ambition, & ne forma point les entreprises que sa prospérité sembloit devoir lui inspirer. Elle fut heureuse sans être puissante, elle acheta l'amitié des Romains par les services qu'elle leur rendit dans leurs guerres avec Carthage. Ses richesses augmenterent à la vérité, mais ce fut pour tomber bientôt après sous le joug de

César qu'elle avoit irrité en embraffant le parti du Sénat & de Pompée. Il n'en eft pas moins vrai que cette Ville s'appliqua finguliérement aux progrès de la Navigation. Rien de fi fameux dans l'antiquité que les voyages de Pithéas & d'Euthimènes dont l'un pénétra jufqu'en Iflande, ce qu'on peut regarder comme un des plus grands efforts que les anciens aient jamais fait dans les voyages de mer.

Revenons aux Romains, & voyons ce qu'ils entreprirent pour la Marine. Il ne paroît pas qu'ils aient daigné s'en occuper autrement que pour faciliter les communications entre les différentes branches de leur Empire, & fur-tout pour approvifionner l'Italie & Rome devenue le centre du monde. Il eft fingulier que la Nation qui a eu les idées les plus grandes en tout genre, n'ait point tenté de faire des découvertes qui lui auroient été d'autant plus faciles qu'elle avoit tous les moyens imaginables pour y réuſſir. Sous les Empereurs, Rome étoit maîtreſſe de toute l'Afrique connue dans ce tems là. Elle avoit de belles Provinces dans le voiſinage de l'Océan, dans cette partie qui forme aujourd'hui les Royaumes de Fez & de Maroc. Il eſt à préſumer que les Gouverneurs de ces Provinces n'ignoroient pas qu'il y avoit au-delà des déſerts qui bornoient leurs poſſeſſions, des pays immenſes où il étoit poſſible de pénétrer par mer, ſi on craignoit de s'y engager par terre. Mais le génie des Romains fut toujours tourné du côté des armes, & dédaigna les entrepriſes maritimes auxquelles il ne ſe livra jamais que par néceſſité. D'ailleurs, la plupart des Empereurs qui gouvernerent Rome juſqu'au regne de Néron furent des monſtres qui ne ſongeoient qu'à dévorer l'Etat au lieu d'augmenter ſa proſpérité; & dans la ſuite, elle eut aſſez d'affaires avec les Barbares qui commençoient à remuer sur ses frontieres pour n'être point tentée de s'occuper de tout autre objet ; de façon que Rome n'entreprit rien pour la gloire de la Navigation, si on en excepte le voyage que fit Agricola pour déterminer la figure de la Grande Bretagne, & reconnoître les Isles voisines.

 Dans des tems plus reculés, on avoit formé des entreprises maritimes qui ont un rapport plus direct avec l'ouvrage que nous présentons au public : on avoit tenté plusieurs fois de faire le tour de l'Afrique. Néchao, Roi d'Egypte, animé de l'esprit de conquête, & peut-être ayant conçu le projet insensé de s'emparer de toute la partie du monde où son Royaume étoit situé, envoya des Phéniciens qui partirent de la mer Rouge, & doublerent en effet le fameux Cap de Bonne-Espérance, d'où ils prirent leur route vers les Colonnes d'Hercule, & arriverent en Egypte par la Méditerranée. On laisse à penser les difficultés & les longueurs qu'ils durent essuyer dans un voyage si périlleux; mais ils ne furent pas les seuls qui en entreprirent de semblables. Un certain Eudoxe fuyant la colere de Ptolemée-Lature fut assez heureux pour réussir à doubler toutes les côtes d'Afrique; mais quand on voulut partir des colonnes d'Hercule pour faire le même tour, on se vit forcé d'y renoncer à cause des difficultés insurmontables qu'on éprouva dans ces mers. Sarafpe ne réussit point sous Xercès, & Hannon envoyé par les Carthaginois ne fut pas plus heureux que lui.

Esprit des Loix, Livre du Commerce.

Je ne dois point oublier les célebres navigations des flottes de Salomon dans les mers orientales d'Afrique : elles avoient pour objet un riche commerce qu'elles faisoient avec les peuples établis sur la côte de Sofala, que l'on croit être la fameuse Ophir des Livres saints.

Ces flottes partoient des ports d'Elath & d'Afiongaber situés au fond de la mer Rouge. Salomon avoit été obligé, pour conſtruire des Vaiſſeaux, d'employer les bois du Liban, parce qu'on ne trouve point de bois dans le voiſinage de cette mer. Quand les Vénitiens voulurent arrêter les progrès des Portugais dans l'Inde, ils furent également forcés de faire paſſer en Egypte des bois que l'on tranſporta ſur des chameaux juſqu'à l'Iſthme de Suez pour y bâtir une flotte conſidérable. En voilà aſſez ſur les progrès de la Marine chez les anciens : parlons maintenant de ſa décadence & de ſon rétabliſſement.

Après l'invaſion des Peuples du Nord, qui fondirent tous à la fois ſur l'Empire Romain & s'en partagerent les débris, il ne fut plus queſtion de Marine en Europe juſqu'au regne de Charlemagne, qui fit des efforts pour en établir une ſur les côtes qui bornoient son vaste Empire. Ce grand homme songeoit dès-lors à se précautionner contre le génie inquiet des Nations barbares du Nord de l'Allemagne & de la Scandinavie, & il sentoit bien qu'il lui falloit une Marine pour les tenir en respect. Mais l'indolence de ses successeurs la laissa bientôt tomber, & les Normands en profiterent pour venir ravager toutes les Provinces qu'ils trouvoient à leur bienséance. Il ne faut pas croire cependant que ces Peuples eussent de gros Vaisseaux. La preuve du contraire est dans la facilité avec laquelle ils remontoient les rivieres, & portoient la terreur jusques dans le cœur du Royaume. Il falloit que la France eût bien oublié l'art de construire des Vaisseaux, pour ne pouvoir pas se mettre à couvert des entreprises de ces brigands. Ce qui étonne le plus, c'est que cet avilissement de la Nation eût été si rapide, puisqu'il ne s'écoula pas plus de quarante ans depuis la mort de Charlemagne jufqu'aux ravages affreux que les Normands firent en France fous le regne de Charles le Chauve. On connoît l'état déplorable où fe trouvoit l'Angleterre à-peu-près dans le même tems; il fembloit qu'un engourdiffement général étoit répandu fur les Peuples qui fe font le plus diftingués depuis dans la Marine. Au Midi de l'Europe, les Sarrafins commettoient les mêmes excès qui rendoient les Normands fi redoutables fur les côtes de l'Océan. Ils infeftoient de leurs pirateries la Sicile, l'Italie, les côtes de France & d'Espagne. On fe fouvient encore en Provence des ravages qu'ils y faifoient au dixieme fiecle, tant leurs excès avoient imprimé de terreur dans l'efprit des Peuples. Ainfi, deux Nations barbares tenoient, pour ainfi dire, l'Europe entiere à la chaîne dans fes deux extrémités, fans qu'il fût poffible de leur faire porter la peine de leurs cruautés & de leurs ravages.

Dans cet état de choses, on se seroit flatté en vain d'un changement heureux, si un des événemens les plus singuliers dont il soit parlé dans l'histoire des Nations, n'étoit venu tirer l'Europe de sa léthargie. Ce sont les Croisades, entreprises pieuses, qui avoient uniquement pour objet d'arracher les Saints Lieux des mains des Infideles ; expéditions qui n'offrent au premier coup-d'œil qu'une chaîne de fautes & de malheurs, mais qui eurent des suites très-avantageuses, qui seules sont capables de les justifier aux yeux d'un Observateur Philosophe. Tous les Princes s'empressant à l'envi d'entrer dans ces saintes expéditions & y engageant puissamment leurs vassaux, on prit d'abord la route de terre où l'on eut tout à souffrir des incommodités des pays qu'on traversoit, & des insultes fréquentes que les Croifés s'attiroient par leurs infolences. Des armées floriffantes périrent avant d'être arrivées aux frontieres de l'Afie mineure, d'autres furent détruites par la perfidie des Empereurs Grecs; il y en eut enfin que les Mahométans furprirent dans les défilés, de forte que la plupart de leurs projets de conquête leur coûterent beaucoup d'argent & de fang, & ne leur produifirent point ce qu'ils en attendoient. Les Rois qui tenterent depuis des entreprifes femblables, virent bien qu'il feroit plus avantageux pour eux de prendre la voie de la mer; mais il falloit des Vaiffeaux, & on n'en avoit pas. Que fit-on? Il y avoit quelques petites Républiques en Italie où l'on faifoit le commerce maritime autant que les courfes des Sarrafins pouvoient le permettre. Venife, Gênes & Pife étoient les plus remarquables: elles fournirent des Vaiffeaux dont la plupart furent, fans doute, conftruits aux dépens des Croifés;

car il n'étoit pas possible que ces Républiques, avec une puissance aussi bornée, en eussent un nombre suffisant pour transporter en Syrie la multitude qui accouroit de tous les Etats de l'Europe. Mais une fois que ces petits Etats eurent une Marine respectable, & ils ne négligerent rien pour se la procurer, alors ils formerent des desseins plus vastes, établirent des Comptoirs dans les Echelles conquises par les Chrétiens, & s'emparerent même de plusieurs Places fortes & des Isles qui étoient le mieux situées pour le Commerce. Voilà à quoi il faut attribuer la prospérité des Républiques d'Italie qui occupent une place si distinguée dans l'Histoire de ce tems là. Voilà ce qui éleva Venise à ce haut période de grandeur, qui mit dans ses mains tout le Commerce de l'Orient. Ce fut l'argent des Croisés qui ressuscita la Navigation en Europe ; cette heureuse révolution commença par le Midi,

& les découvertes des Portugais suivies de celles de Christophe Colomb, mirent le comble à cette espece de gloire.

L'Espagne occupée de ses guerres avec les Maures qui avoient possédé les plus belles parties de son continent, ne s'étoit presque point mêlée des Croisades de la Palestine. Elle avoit à combattre, dans son propre sein, un ennemi plus puissant & plus dangereux. Les Maures connoissoient l'art de la guerre, & avoient une espece de Marine : le plus redoutable de leurs Rois, & celui qui se maintint le plus long-tems, étoit le Roi de Grenade. L'Espagne Chrétienne, au commencement du quinzieme siecle, qui est l'époque dont nous parlons, se trouva divisée en trois grandes Monarchies, celle d'Aragon, de Castille & de Portugal. Les Aragonnois & les Castillans formoient un peuple nombreux, adonné sur-tout au métier des armes & à l'agriculture, mais qui n'avoit aucun rapport avec la mer. Le Portugal, par sa situation, le nombre & la bonté de ses Ports sembloit plus particuliérement destiné au Commerce ; mais il ne pouvoit le faire du côté du Nord avec la France, l'Angleterre & l'Allemagne où il régnoit trop de troubles, & où les arts qui nourrissent la Navigation, n'étoient point encore établis. Si leurs entreprises s'étoient portées vers la Méditerranée, ils auroient trouvé trop d'obstacles dans les Maures qui bordoient les deux continens d'Afrique & d'Espagne. D'ailleurs les Puissances d'Italie qui avoient tout le commerce du Midi de l'Europe, n'auroient pas vu de sang-froid ces étrangers venir partager leurs profits, & n'auroient point manqué de croiser leurs opérations. Il n'y avoit donc qu'un parti à prendre pour fonder une puissance maritime dans ce Royaume, & lui procurer de grandes richesses : c'étoit de tenter des découvertes dans l'Océan & le long de la côte occidentale d'Afrique ; ce fut le systême qu'adopta l'Infant Dom Henri.

Le hasard, comme on sait, a souvent présidé aux découvertes les plus importantes, & cette réflexion est bien capable d'humilier la raison humaine; mais ici tout fut l'ouvrage d'une intelligence supérieure qui prépara les moyens avec le plus grand soin, & procéda à l'exécution avec une activité indomptable. Je ne me lasse point d'insister sur cette idée pour faire voir la marche que le génie doit suivre dans les entreprises difficiles. L'esprit de l'homme qui conçoit aisément, n'exécute pas de même. La pensée vole vers son objet sans trouver d'obstacle : mais quand il faut en venir à l'exécution, mille embarras se présentent; la nouveauté du projet étonne les uns, la dépense effraie les autres, la jalousie, le préjugé, les difficultés réelles qu'il faut vaincre pour réussir, tout de concert semble croiser les vues du génie, & ralentir ses efforts : si par malheur l'homme qui conçoit de grandes choses vient à avoir un caractere foible (car il faut bien distinguer la force d'esprit qui nous fait imaginer ce qui est grand & utile de cette force de l'ame qui ne se repose point qu'elle n'ait vu l'accomplissement de ses desseins); si dis-je, on se laisse décourager par les contradictions, si on ne tend sans cesse vers son but, sans se détourner à droite ni à gauche ; si après avoir médité la premiere idée, on ne descend point dans les détails pour en saisir tous les rapports, les plus beaux projets s'évanouissent, & on ne fait jamais rien.

Mais, comme on l'a souvent remarqué, c'est un des caracteres du vrai génie de s'obstiner à ses idées, & de ne rien négliger pour les conduire à leur fin. Quelle fut la route que suivit le Prince de Portugal ? celle de l'inſtruction d'abord ; il rechercha tous les monumens qui reſtoient de la Navigation des anciens. Il étudia les Géographes qui avoient parlé de quelques voyages entrepris autour de l'Afrique ; les Cartes de Ptolomée lui furent du plus grand ſecours. Dans l'hiſtoire des connoiſſances humaines, il faut toujours remonter à l'antiquité, & l'examiner en obſervateur intelligent. Il y a mille faits qui échapent à des yeux vulgaires, & qui ſont ſaiſis par un homme de génie. Combien de gens liſent l'hiſtoire ancienne ſans y rien voir de ce qui intéreſſe véritablement le genre humain par les applications qu'on en peut faire au tems où nous vivons & aux beſoins de tous les ſiecles ?

Qu'a-t-on dit de raiſonnable ſur un tel ſujet ? Voilà la premiere queſtion que doit ſe faire à lui-même un homme qui ne veut point marcher en aveugle : y a-t-il des faits conſtans & rapportés par des Auteurs dignes de foi ? Les lumieres du siecle où je vis se trouvent-elles d'accord avec celles de l'antiquité ? peut-on former des conjectures vraisemblables sur tel fait que d'autres regardent comme hasardé ? Ainsi raisonnoit le Prince Henri, & dans les voyages qu'il fit en Afrique, il ne négligea rien pour s'instruire de la nature, de la situation & des mœurs de cette vaste Contrée. Les rapports des Maures avec les Negres, quoique très-bornés à cause des déserts qui les séparent, lui apprirent des faits importans. Il ne s'agissoit plus que de trouver un passage par mer dans ces régions peu connues. Pour être plus à portée de faire ses observations, il se retira de la Cour, & fut s'établir au cap Saint-Vincent dans une maison de plaisance qu'il avoit fait bâtir & qui s'appelloit alors Terça-Nabal.

On connoît assez ce fameux Cap où les anciens avoient fixé

les extrémités de la terre vers l'Occident. Cette circonstance ne doit point nous échapper ; c'est de ce point du globe que le Prince de Portugal portoit ses vues sur l'Océan, sur cet espace immense qu'il franchissoit en idée pour découvrir des terres nouvelles qui devoient augmenter les lumieres & les jouissances du genre humain. Il me semble l'entendre se dire à lui-même : Il n'est pas possible qu'il n'y ait d'autres régions au-delà des mers qui bornent ma vue : jusqu'ici on n'a point osé franchir l'intervalle qui les sépare de nous. Les périls ont effrayé les Navigateurs, l'indolence a empêché les Princes de tenter des entreprises qui les auroient couverts de gloire. C'est donc moi qui suis destiné à faire les premiers pas dans cette carriere. Je vais reculer les bornes du monde. Un si grand ouvrage mérite bien que je m'y consacre tout entier : je n'épargnerai ni soins ni dépenses pour en venir

à

PRÉLIMINAIRE. xlix
à bout, j'appellerai auprès de moi tous ceux qui pourront m'aider de leur audace & de leurs lumieres. Si je réuſſis, ma premiere récompenſe ſera dans mon cœur, & j'aurai des droits ſur la reconnoiſſance de tous les ſiecles.

Il ſeroit à ſouhaiter que tous les Princes adoptaſſent des meſures auſſi juſtes que celles que prit l'Infant Dom Henri. De tout tems une Nobleſſe nombreuſe s'eſt attachée à la perſonne des Princes, & a brigué l'honneur d'être employée à leur ſervice ; mais le plus ſouvent ceux qui entrent dans leur maiſon, n'y portent que des vues d'avancement & de fortune, & ne ſongent point à remplir, par des occupations utiles, le vuide que leur laiſſent les emplois qu'ils exercent auprès d'eux. Le tems s'écoule ainſi dans la diſſipation & le plaiſir, & lorſque le moment eſt venu d'être appliqué à des affaires plus ſérieuſes, & qui

c

DISCOURS

suppofent un long exercice des facultés intellectuelles de l'homme, on n'y apporte fouvent qu'un efprit timide & embarraffé, & ce qui eft plus dangereux encore, une fuffifance vaine & préfomptueufe. L'Infant, qui aimoit la vertu, & qui la faifoit aimer à tout ce qui l'environnoit, fongea de bonne heure à occuper la Nobleffe de fa Maifon. Les hommes habiles, qu'il avoit auprès de lui, furent les Inftituteurs des jeunes Portugais qui étoient attachés à fon fervice ; on peut même regarder les foins de ce Prince fur cet objet, comme le premier établiffement d'une École Militaire qui étoit tout à la fois une École de Marine. Comme les nouvelles découvertes furent toujours la paffion favorite de l'Infant, il n'eut rien de plus à cœur que de former des hommes qui puffent le feconder dans fes deffeins. Les Pilotes apprenoient leur métier dans les écoles qu'il leur

Hiftoire philofophique & politique du commerce des Européens dans les deux Indes, Liv. premier.

avoit ouvertes dans son Palais de Lisbone; mais les grands hommes de mer, les Chefs de ses expéditions lointaines se formoient sous ses yeux, & étoient ordinairement de la premiere Noblesse du Royaume.

Ce n'est pas que les roturiers fussent exclus du commandement des Vaisseaux qui étoient expédiés par l'Infant. Une pareille idée ne pouvoit entrer dans la tête d'un Prince qui avoit des vues si justes, & qui savoit bien que le mérite n'est point exclusivement attaché aux distinctions de la naissance. Plusieurs Marins célebres que l'on rencontrera dans cette histoire, & qui commandoient même des Flottes entieres, étoient des hommes du peuple que leur mérite avoit élevés de grade en grade jusqu'au rang de Chef d'Escadre. Un des principes dont il paroît que l'Infant ne se départit jamais, étoit de donner de l'emploi à ceux qui pouvoient le mieux

DISCOURS

concourir à ses desseins. Leur intrépidité, leur expérience, leur bonne conduite dans les commissions dont il les chargeoit, leur tenoient lieu de protections illustres & de titres de Noblesse.

Mais ce qui est bien digne de remarque, c'est le zele avec lequel la Noblesse Portugaise se prêtoit aux vues de l'Infant. Je ne connois point d'exemple depuis les Romains, de ce qu'on vit alors. Les Portugais n'avoient point encore de Marine, puisque dans l'expédition de Ceuta, on fut obligé de fréter des Vaisseaux étrangers, & d'employer ceux des négocians, qui pouvoient être dans les Ports du Royaume, & certainement ils n'y étoient point en grand nombre. D'ailleurs quelque formidable que fût cette Flotte, par la valeur des troupes qu'elle portoit, elle ne l'étoit point par la qualité des Vaisseaux, dont les plus grands peuvent être comparés à nos Vaisseaux marchands du second rang. Mais du moment que l'Infant eut fait connoître ses intentions, & imprimé le mouvement aux esprits, cette Noblesse si fiere qui n'avoit d'autre profession que les armes, ne dédaigna point d'entrer dans le service de mer; on la vit même s'offrir avec un empressement digne d'admiration. Des héros qui s'étoient distingués dans les expéditions d'Afrique, monterent sur les Vaisseaux, les uns pour les commander, les autres pour servir en qualité de volontaires, & mériter, par leur zele, la faveur du Prince. Il se fit en même tems un changement considérable dans la forme & la grandeur des Vaisseaux. Les premiers Marins qui avoient été à la découverte des terres nouvelles, avoient trouvé des obstacles presque insurmontables dans la petitesse & la forme de leurs bâtimens. Bientôt on perfectionna la construction. Les Vaisseaux qui sortirent des Ports de Lisbonne & de Lagos furent plus en état de tenir la mer. Comme les voyages étoient plus longs & les équipages plus nombreux, on proportionna la capacité des Navires à ces différens objets. Rien de si intrépide que ceux qui les montoient ; c'étoit une Noblesse aguerrie par le continuel exercice des armes, fecondée par ces ames ardentes qui se trouvent confondues parmi le Peuple, & qui étonnent quand on leur préfente l'occafion de fe montrer dans toute leur énergie. L'enthoufiafme gagna tous les Etats. Des hommes que leurs emplois dans la fociété fembloient éloigner de toute expédition Maritime, des Secrétaires du Cabinet, des Ecuyers du Prince, prirent parti fur les Flottes, & firent des découvertes importantes : comme ces anciens Romains qui étoient tout ce que l'Etat vouloit, qui paffoient des fonctions civiles à la tête des armées, & revenoient dans leur Patrie couronnés des lauriers de la victoire.

Ainsi un seul homme peut changer la face d'un Etat. Qu'étoient les Portugais avant Dom Henri ? un Peuple guerrier, il est vrai, mais circonscrit dans les limites d'un territoire borné. Que devinrent-ils sous ce Prince ? la premiere Puissance maritime de l'Europe, une Nation qui ne connut point d'exercice plus noble que celui de parcourir les mers, qui se familiarisa avec les tempêtes & les incommodités du plus redoutable des élémens, & jetta les fondemens d'une Puissance qui a étonné toutes les Nations. On doit tout attendre d'un Peuple libre & généreux, & les Portugais étoient l'un & l'autre. Le caractere du Prince qu'ils servoient concouroit admirablement avec la profondeur de ses vues ; affable envers les braves qu'il employoit, n'épargnant ni les caresses ni les louanges, toujours juste & jamais avare de ses bienfaits, on tenoit à honneur de voler à ses premiers ordres. Tous les moyens furent mis en œuvre par ce grand Prince, pour hâter le succès de ses entreprises; il se connoissoit en mérite, il fit rarement de mauvais choix, & plusieurs de ses Armateurs furent des Héros.

Les deux moyens, dont il se servit avec le plus de succès, furent les distinctions & les récompenses. Dans les Monarchies on a toujours attaché beaucoup de prix à la Noblesse : les Rois l'ont regardée, avec raison, comme l'appui de leur Trône, & dans l'origine de plusieurs Etats de l'Europe, ce furent les Nobles qui conquirent, avec leurs Rois, les pays où différens peuples vinrent s'établir. En Portugal, surtout, la Noblesse avoit véritablement fondé la Monarchie sur la destruction des Maures auxquels on avoit enlevé toutes les Provinces qui formoient l'étendue du Royaume. Cette Noblesse étoit presque toujours appellée au Conseil des Rois; du moins ses principaux chefs & les personnes qui occupoient des places distinguées dans l'Etat, avoient part aux délibérations; & quoique le Roi pût passer outre, il se faisoit une loi de ne rien entreprendre de considérable sans avoir auparavant consulté sa Noblesse : on en peut voir dans cette histoire plusieurs exemples frappans. Or une pareille forme de gouvernement devoit élever singuliérement le cœur des Nobles, & les rendre fort jaloux des prérogatives de leur rang. Qu'on juge, après cela, si le Prince Henri n'employa point le moyen le plus puissant pour donner de l'émulation à ses Navigateurs, en obtenant des lettres de Noblesse pour plusieurs d'entre eux. Une pareille distinction doit toujours être rare pour être mieux appréciée ; mais dans ce tems-là surtout elle tenoit lieu des récompenses les plus lucratives ; les hommes connoissoient mieux le prix des honneurs, & n'eſtimoient rien tant que d'être aggrégés au premier ordre de la Nation.

Les récompenſes furent le ſecond moyen employé par ce Prince. Ordinairement les découvertes que les particuliers peuvent faire ſont au profit de l'Etat : on leur en donne le gouvernement, on leur aſſigne une portion du terrain, mais on ſe réſerve le reſte. Le Prince Henri fit plus ; il donna les terres mêmes qui furent découvertes à ſes intrépides Navigateurs. Quand une Iſle, comme celle de Madere, par exemple, ſe trouva trop conſidérable pour être miſe en valeur par un ſeul, il la diviſa en deux Capitanies, & les donataires furent chargés du ſoin d'y faire paſſer des Colons, & d'y établir tout ce qui peut fonder un Etat naiſſant. Ces Colonies étoient bien dans la dépendance de la Couronne de Portugal, qui s'étoit reſervé quelques droits sur leurs productions; mais elles n'en appartenoient pas moins aux donataires qui en retiroient les principaux avantages, & dont les fortunes rapides animoient une foule d'aventuriers à tenter de semblables entreprises. Je ne connois point dans l'Histoire d'exemple d'une conduite plus raisonnable & plus accommodée aux circonstances où l'Infant se trouvoit. Comme les dangers étoient grands dans les commencemens de ces expéditions maritimes, il falloit encourager ceux qui s'y engageoient, en leur assurant des récompenses proportionnées aux périls. Il étoit même plus à propos de se reposer sur le zele des particuliers du progrès de ces nouveaux établissemens, que de les mettre sous les yeux d'un Gouvernement trop éloigné pour juger de ce qui convenoit à la situation des affaires des Colonies, à la nature du climat & à la qualité du terrain; aussi eurent-elles des commencemens brillans;

DISCOURS

& à l'exception de deux ou trois fautes qu'il étoit presque impossible de prévoir, les Isles où les Portugais s'établirent, furent gouvernées avec beaucoup de sagesse, & procurerent à l'État un accroissement considérable de Puissance.

Je ne veux point quitter ce sujet sans dire un mot des principes sur lesquels ces Colonies furent dirigées. Il paroît d'abord qu'on n'eut d'autre dessein que de soulager l'état des Citoyens pauvres, comme les Grecs & les Romains le pratiquoient souvent à l'égard de leurs Colonies. Cependant, si on y fait plus d'attention, on reconnoîtra dans le Prince Henri des vues plus étendues ; & en effet, il n'en eut pas d'autre que de fonder une Marine considérable sur un grand commerce, sans tenir néanmoins les nouveaux établissemens dans la dépendance de la Métropole pour leur subsistance, comme on l'a fait avec succès en France ;

pour les Colonies à fucre. Un pareil plan eſt admirable dans un Etat qui a un excédent conſidérable de productions de premiere néceſſité; c'eſt un moyen de faire fleurir l'Agriculture dans l'état principal, & d'y donner plus d'activité aux Manufactures. Mais dans un Royaume comme le Portugal qui n'eſt pas d'une grande fertilité, comment auroit-on pu ſe promettre de ſuffire aux beſoins des fréquentes migrations qui ſe faiſoient aux Canaries & aux Açores? au contraire, c'étoit à ces Iſles, nouvellement défrichées, à fournir aux demandes du Royaume par l'activité & le ſuccès de leurs travaux; le tranſport des denrées devoit occuper beaucoup de Vaiſſeaux. Les plantations des cannes à ſucre dans l'Iſle de Madere, une des idées les plus heureuſes de Dom Henri, devenoient une branche précieuſe de commerce, & cette production réuſſiſſoit admirablement. Enfin tout ſe disposoit pour enrichir la mere Patrie des cultures des Colonies, & comme celle-là ne songeoit point à attirer à elle toutes les affaires de celles-ci, elles prospéroient sous un Gouvernement doux & modéré. Les Colons avoient toujours le cœur Portugais, quoi qu'ils fussent à une assez grande distance de la Métropole ; & les affaires qu'ils lioient avec leurs anciens compatriotes étoient dirigées sur des rapports d'équité constamment suivis, & où chacun trouvoit un avantage réciproque.

L'imagination se repose avec complaisance sur ces Isles qui n'avoient jamais vu d'hommes, & qui se couvrent tout-à-coup d'une multitude d'habitans actifs & industrieux. Du moins on n'avoit pas eu de violences à exercer contre les anciens maîtres de ces terres lointaines. Elles attendoient depuis des siecles que la main de l'homme vînt imprimer sur leur sol le caractere de son

PRÉLIMINAIRE. lxiij

génie, & changer en campagnes fertiles des bois & des marais livrés au désordre d'une nature sauvage. On n'avoit pas même à y combattre ces animaux féroces qui deviennent l'ennemi de l'homme quand il entreprend de leur disputer leurs sombres retraites. Tout y étoit paisible comme le beau Ciel sous lequel elles sont situées. Un air pur & serein, une terre prodigue de faveurs y invitoit en foule les amis de la nature & de la liberté. Là ils pouvoient jetter encore un regard de compassion sur l'Europe déchirée par des guerres sanglantes, & plaindre le sort de leurs compatriotes forcés d'entrer dans les querelles des Rois. Heureux Peuple qui a presque toujours vécu depuis son établissement dans une paix constante & inaltérable, qui ne semble respirer que pour jouir des beautés du Ciel & des bienfaits de la terre!

Je me suis un peu étendu sur

ces Colonies, les premieres que les Européens aient fondées dans l'Océan depuis la renaiſſance de la Marine. Ce qu'il y a de ſingulier, c'eſt que ce fut un étranger qui donna la premiere idée de ces ſortes d'établiſſemens aux Nations du Continent de l'Eſpagne qui s'occupoient de découvertes. Jean de Béthencourt, Gentilhomme Normand, conçut le projet de faire la conquête des Canaries, & ſe préſenta à Henri III, Roi de Caſtille, pour obtenir ſon agrément; ce qui prouve que les Caſtillans avoient déja connoiſſance de ces Iſles. Cet illuſtre aventurier s'étoit muni des fonds néceſſaires pour cette entrepriſe; il ne lui manquoit que des hommes, & il en obtint aiſément du Prince auquel il s'étoit adreſſé. Ses premiers ſuccès mirent trois des Iſles Canaries ſous ſa puiſſance, après quoi Béthencourt laiſſa le ſoin à Maciot ſon neveu de continuer la conquête, & partit pour la France où il alloit chercher des fonds plus considérables, afin de conduire son projet à son entiere exécution. L'issue de cette entreprise de Béthencourt & de son neveu est étrangere à notre sujet, & se trouve développée assez au long dans la vie du Prince Henri. Mais ce qu'il importe d'observer, c'est la maniere distinguée dont ce Prince traita l'infortuné Maciot de Béthencourt, & l'accueil flatteur qu'il fit toujours aux étrangers qui venoient partager la gloire de ses expéditions navales. Il y trouvoit deux avantages, l'un de profiter des fonds & du courage de ces aventuriers pour pousser ses entreprises avec plus de vigueur, l'autre d'établir une noble émulation entre eux & les Portugais. Je ne parle point d'un avantage plus précieux encore, celui de remplir les vuides que tant de voyages de mer laissoient dans la population du Royaume. Car ces étrangers attiroient presque toujours sur leurs pas de petites Colonies des pays où ils venoient, fans éprouver les mêmes difficultés que les Princes ont mifes depuis à la fortie de leurs Sujets. Cette vue politique de l'Infant est une des plus profondes que puisse avoir un Prince éclairé fur les véritables intérêts d'une Nation commerçante. Elle est d'autant plus furprenante que l'esprit National des Portugais d'alors fembloit s'oppofer à cette conduite de l'Infant. Cependant il favorifa les étrangers en mille manieres, leur fournit des fonds quand ils en eurent befoin, les combla de bienfaits, & fe repofa fur la renommée du foin d'en attirer d'autres en Portugal pour partager les mêmes faveurs. On vit des François, des Allemands & furtout des Flamands, quitter leurs pays avec des hommes, de l'argent, de l'induftrie & du courage, pour s'ouvrir un chemin à une fortune brillante, fous les aufpices de ce généreux Prince.

Rien ne contribua davantage à la prospérité rapide des nouvelles Colonies, comme on pourra l'observer dans cette histoire, que la qualité de leurs premiers habitans. Ces établissemens reçurent dès leur naissance beaucoup de Noblesse Portugaise. Cette classe de Citoyens distinguée par sa politesse, ses sentimens & son caractere moral, avantagée d'ailleurs par ses ressources, ses connoissances & l'attention qu'elle s'attire de la part du Gouvernement, est plus propre qu'aucune autre à donner de la consistance à un Etat naissant qui fait partie d'un autre plus considérable auquel il tient par les loix, la religion & les mœurs. Elle est faite pour contenir dans le devoir cette multitude inquiete & souvent féroce qui s'engage dans les entreprises lointaines sans autre motif que celui de faire fortune ou de donner une plus libre carriere à ses passions. Ce sont les mœurs, les lumieres & l'amour de l'ordre qui fondent les Etats, & les Grecs n'envoyoient jamais de Colonies hors de leur pays sans leur donner un certain nombre de Citoyens illustres pour les gouverner, & souvent des Philosophes pour Législateurs. Ce n'est point une Populace assemblée au hasard, ce n'est point la lie des Nations présidée par des Commettans infideles qui peut établir les Colonies sur des fondemens solides. Il faut tout au moins à ces esprits turbulens, dont on veut soulager un Etat, des Chefs capables de les gouverner, des hommes qui en imposent par les distinctions de la naissance & par les avantages d'une bonne éducation. Ce fut donc un coup de génie qui n'a pas toujours été imité depuis, de permettre à des familles entieres de Nobles d'aller s'établir aux Canaries, à Madere & dans les Açores; on les y invita par l'appât de la fortune; il y en eut même qui furent en état de faire les avances nécesfaires pour mettre ces Isles en valeur. On étoit d'ailleurs plus assuré par-là de tenir les Colonies dans la dépendance de la Métropole, parce que l'on est persuadé dans les Cours que la Noblesse est toujours plus fidele & plus étroitement attachée à ses Maîtres: Voilà une partie des vues politiques de l'Infant Dom Henri. Elle suffit sans doute pour nous donner une idée avantageuse de son génie.

Que sera-ce si nous ajoutons que ce Prince fit presque toutes ces entreprises à ses frais; qu'il y employa les revenus considérables de l'Ordre de Christ, dont il étoit Grand-Maître; que ces revenus ne s'augmenterent entre ses mains que pour se répandre dans ses établissemens chéris; que son attention se portoit à tout, à la construction des Vaisseaux, aux dépenses des armemens, au choix des Capitaines, au gouvernement des Colonies, à leur culture, à leurs arts, au service de la Religion ? Sa feule paffion fut la gloire de fa Patrie ; fes profondes méditations n'eurent pas d'autre objet. Il y confacra les travaux d'une vie affez longue pour voir les premiers fruits de fes tentatives, mais trop courte pour les pouffer auffi loin qu'il le défiroit. Il fut le premier mobile d'une révolution qui a lié toutes les parties du Globe entre elles par la Navigation & le Commerce. En un mot ce Prince femble n'avoir exifté que pour étendre les idées & les reffources du genre-humain.

Cependant il ne fut pas toujours fecondé comme on auroit dû l'attendre de la jufteffe de fes vues, & de la fageffe de fes mefures. Ce n'eft pas l'ouvrage d'un jour de mettre les ames communes qui forment le gros d'une Nation au niveau d'une ame grande qui entreprend de lui faire changer d'efprit. L'Infant Dom Henri étoit prefque le feul homme éclairé du Portugal, disons même de son siecle. Ceux qu'il employoit dans ses expéditions étoient sans doute des hommes intrépides, mais ils n'avoient ni les mêmes vues, ni les mêmes intérêts que lui. Dès les premieres découvertes, il fut aisé de s'appercevoir que ceux qui les avoient faites n'étoient guere en état d'en tirer le parti le plus avantageux & le plus conforme aux intentions de l'Infant. Comment ce Perestrello qui conduisit une Colonie à Porto-Santo ne prévit-il pas qu'il n'y avoit rien de si dangereux que de jetter des lapins dans cette Isle, & de la livrer pour ainsi dire à leur discrétion ? S'il avoit eu la moindre notion des pratiques des agriculteurs, auroit-il ignoré qu'ils exterminent autant qu'ils peuvent ces animaux voraces & malfaisans ? Comment les Colons de Madere purent-ils se résoudre à mettre le feu aux taillis épais dont cette Isle étoit couverte ? Ne devoient-ils pas s'attendre que l'incendie gagneroit de proche en proche, & que cela seul empêcheroit les progrès de la culture en les privant des matériaux nécessaires pour la fabrication du sucre qui étoit alors leur principale denrée ? Comment ceux de l'Isle de Ste. Marie avoient-ils été assez négligens pour ne pas reconnoître toutes les hauteurs de l'Isle qu'ils habitoient ? Ce n'étoit certainement pas la crainte des bêtes féroces qui pouvoient être dans l'Isle qui les en empêchoit ; des hommes armés sont au-dessus de ces sortes de frayeurs. Ce n'étoit pas la difficulté des lieux ; il n'y avoit point dans cette Isle de montagnes inaccessibles ; & cependant on ne dut qu'à un Negre qui fuyoit la colere de son Maître la découverte de l'Isle de Saint-Michel que ce malheureux apperçut du sommet de la montagne où il s'étoit retiré. Je ne pousserai pas plus loin ces réflexions, je n'ajouterai pas qu'il est surprenant

que

que les donataires, pour se conformer aux intentions du Prince, n'aient point tenté, dès leur arrivée, quelques courses dans leur voisinage, ce qui leur eût fait découvrir plutôt des Isles qui n'étoient pas fort éloignées de leur demeure. La seule excuse raisonnable qu'on peut donner de leur négligence, c'est qu'ils étoient trop occupés de leur établissement pour penser à d'autres objets.

La même négligence, les mêmes fautes & d'autres plus grandes encore se remarquent dans les découvertes que l'on fit sur la côte Occidentale d'Afrique. D'abord toute la Nation & le Prince lui-même étoient dans une erreur très-commune dans ces siecles grossiers, qu'il falloit conquérir le plus de Pays qu'on pouvoit, pour donner plus d'éclat & de puissance à sa Patrie. Les habitans du continent de l'Espagne y joignoient l'opinion particuliere que tous les Pays occupés par les Maures, leur appartenoient de droit, & qu'une guerre entreprise contre eux, étoit nécessairement une guerre juste. Pour mieux assurer ce privilége singulier, on sollicita auprès des Souverains Pontifes des Bulles qui donnoient aux Portugais tout ce qu'ils pourroient enlever aux Maures depuis le détroit de Gibraltar jusqu'aux Indes. La premiere de ces Bulles fut expédiée par le Pape Martin V, à qui l'Infant avoit envoyé une Ambassade solemnelle. Mais ce qu'il y avoit de plus dangereux dans cette concession, c'est que l'on confondoit les Negres qui n'avoient jamais entendu parler de l'Espagne & du Portugal, avec les Maures du voisinage, qui étoient les ennemis naturels de ces deux Royaumes. Enfin de quelque maniere qu'on envisage la chose, il n'étoit pas de l'intérêt des Portugais de regarder les Pays qu'ils découvroient comme un objet de conquête. Une Nation doit me-

PRÉLIMINAIRE. lxxv

ſ:rer ſes forces avant de rien entreprendre. Le Portugal n'étoit point un Royaume aſſez étendu & aſſez peuplé pour ſoumettre ces vaſtes Régions. En ſuppoſant même que l'on fût venu à bout de les conquérir, il falloit les garder, & dès-lors on s'expoſoit à dépeupler l'Etat principal pour conſerver l'acceſſoire. Voilà ce qu'on ne vit pas aſſez diſtinctement dans le commencement de ces entrepriſes Navales & Militaires tout à la fois. Etoit-ce la faute du Prince ou celle de ſa Nation? J'aime mieux croire que ce fut celle de ſon ſiecle.

Il valoit bien mieux regarder ces Pays comme des places favorables au Commerce, & en effet on y trouva pluſieurs objets qui manquoient au Portugal, & qui étoient capables de l'enrichir. Les peaux de Loups Marins avoient ſuffi dans les commencemens à faire la fortune de quelques Armateurs. A meſure qu'on avança dans les découvertes, on

d ij

DISCOURS

eut différentes occasions de s'assurer qu'il y avoit chez les Negres de la poudre d'or, qu'ils troquoient contre des marchandises de vil prix. C'étoit le moment d'animer le peu de Manufactures qu'il y avoit dans le Royaume, & d'en établir d'autres pour former un commerce suivi avec ces Peuples ignorans & grossiers. On pouvoit lier ce trafic avec d'autant plus de sureté que ces Peuples étoient foibles & sans défense. D'ailleurs sous quelque couleur que la cupidité se plût à peindre leur caractere, on trouvera même dans cette Histoire des preuves de leur bonne foi & de leur franchise. Il y a apparence qu'elle ne se seroit point démentie si on ne les eût poussés à bout par les violences qu'on exerçoit contre eux.

Disons à la louange de l'Infant qu'il n'eut point de part à ces violences. Il est vrai que la premiere fois qu'on lui rapporta qu'on avoit vu sur la côte des hommes de couleur noire, il défira ardemment qu'on lui en amenât quelqu'un pour en tirer des lumieres fur les Pays qu'il fe propofoit de découvrir. On ne peut pas douter que ces premiers efclaves faits fur les Negres ne fuffent traités avec beaucoup de douceur & de modération par un Prince généreux & ami de l'humanité. Mais une fois que les Armateurs Portugais eurent pris goût à cette efpece de Commerce, il ne fut plus poffible de les arrêter. Ils alloient à la chaffe des hommes le long de la côte, defcendoient dans les Ifles du voifinage, emmenoient fur leur bord tout ce qu'ils rencontroient, & lorfque les Negres étoient affez heureux pour leur échapper, ils déchargeoient leur rage fur leurs pauvres Habitations, & les réduifoient en cendre. On penfe bien qu'une telle conduite devoit répandre fur toute la côte l'horreur de ces brigands, & faire déferter tous les lieux où ils pouvoient aborder. Ces excès cauſoient une peine ſenſible à l'Infant. Mais ce fut en vain qu'il employa les prieres & les menaces ; les Marins qu'il envoyoit à la découverte de l'Afrique, n'étoient pas d'humeur de renoncer à un Commerce auſſi avantageux.

Ceci a beſoin d'être expliqué. Quand les Portugais envoyerent des Colonies dans les Iſles nouvellement découvertes, ils y trouverent un climat plus chaud, des bois qu'il falloit abbattre, une terre vierge qu'on ne pouvoit défricher qu'avec beaucoup de ſueurs. Des hommes plus accoutumés au métier de la guerre qu'à l'agriculture, trop fiers pour courber leur corps vers la terre & en arracher les utiles productions, ou trop pareſſeux pour ſe livrer à un genre de travail ſi pénible ; de pareils hommes ſe ſeroient crus ſouverainement malheureux dans leurs nouvelles poſſeſſions, s'ils avoient été obligés de les cultiver eux-mêmes. Cependant il falloit des bras fous peine de mourir de faim. Que fit-on ? Ceux qui étoient les plus aisés prirent le parti d'avoir des esclaves. Dans un tems où toutes les Puissances Chrétiennes étoient en guerre avec les Maures d'Afrique, on faisoit souvent des esclaves dans les combats qu'on alloit leur livrer chez eux, ou dans les courses sur mer. Il étoit assez ordinaire aux Vaisseaux qui partoient des différens Ports de Portugal, de relâcher sur les côtes des Royaumes de Fez & de Maroc pour tâcher de surprendre les Maures & de les emmener en esclavage. Mais à mesure que les cultures des Colonies Portugaises augmenterent, cette ressource ne suffisoit plus. D'ailleurs les Maures se tenoient mieux sur leurs gardes, ils se défendoient souvent avec avantage, & les Armateurs se dégoûterent d'aller les inquiéter chez eux : ils crurent avoir meilleur marché des Negres, & ils ne se trompoient pas. Il suffisoit presque, pour faire des esclaves sur eux, d'être assez heureux pour les rencontrer. Ces Negres étoient vendus en Portugal ou dans les Isles, & ce fut eux apparemment qu'on employa aux sucreries qui s'établirent avec tant de succès dans l'Isle de Madere; comme si cette malheureuse Nation avoit été destinée dans tous les tems à arroser de ses sueurs cette précieuse denrée. Les maîtres abuserent bientôt du droit qu'ils avoient de les faire travailler. L'Infant s'occupa du soin d'adoucir leur joug; on fit des loix pour modérer les rigueurs de leur esclavage. Mais l'odieux des courses restoit toujours, & on ferma les yeux sur un abus qui étoit utile.

Cependant si on eût un peu plus réfléchi dans ce tems là, on auroit vu qu'il étoit possible d'avoir des esclaves sans employer de si indignes moyens. De tout tems la fervitude a régné en Afrique avec le defpotifme. D'ailleurs les petits Princes qui partagent ces Régions brûlantes font prefque toujours enguerre, & le fort des prifonniers eft d'être efclaves des vainqueurs. Ou les Portugais ne favoient point cet ufage, ou ils manquoient des chofes qui pouvoient payer l'efpece de marchandife dont ils avoient un fi grand befoin. Mais alors il auroit fallu étudier le caractere & les goûts de ces Nations pour pouvoir faire avec elles la traite des Negres. Les boiffons qu'ils aiment fi paffionnément étoient communes en Portugal ; les étoffes groffieres dont ils fe couvrent ne demandoient pas des ouvriers bien habiles. Enfin quoique ce foit toujours une chofe bien odieufe d'arracher des malheureux de leur Patrie pour les affujettir à un travail auquel ils ne font point accoutumés, peut-être qu'avec des attentions prifes dans l'humanité, & fur-tout avec un code de bonnes loix, on feroit parvenu à leur faire un fort plus heureux que celui dont ils jouiffoient dans leur Pays. Mais d'aller les furprendre dans leurs pauvres cabanes, de les fuivre à la pifte comme des bêtes féroces & d'abufer fouvent de leur bonne foi pour les réduire à la plus trifte des conditions, ce n'étoit certainement pas ce que l'Infant attendoit de ceux qu'il chargeoit de fes commiffions honorables. D'ailleurs la conduite de ces Navigateurs nuifit finguliérement au progrès de fes découvertes.

Il s'agiffoit non-feulement de reconnoître les côtes d'Afrique, mais encore, s'il étoit poffible, de pénétrer dans l'intérieur du Pays. Or, du moment qu'on exerçoit tant de violences contre les Negres, qui eût ofé, fans la plus grande témérité, s'expofer dans ces terres inconnues où l'on étoit fûr de trouver des ennemis cruels & vindicatifs ? On étoit donc obligé de ne paroître jamais qu'en force, & cela seulement sur le rivage de la mer; car pour peu qu'on s'avançât dans les terres, les Negres ne manquoient point de fondre en troupes sur les Européens, ou de les surprendre dans des embuscades. Il en coûta la vie à Nuno Triſtan, l'un des plus célebres Navigateurs de ce siecle, pour s'être imprudemment exposé dans une riviere, où il fut percé de fleches empoisonnées par les Sauvages. Ballard, Gentilhomme Danois, eut auſſi le malheur de périr sous leurs coups dans le voisinage du Cap-Verd. Les Negres irrités des insultes multipliées qu'ils avoient souffertes, ne respecterent, en cette occaſion, ni la foi des traités, ni la qualité d'Ambaſſadeur du Roi de Portugal, dont étoit revêtu le Commandant de la Flotte sur laquelle Ballard s'étoit embarqué.

Suppoſons maintenant que les

Armateurs euſſent agi avec plus de juſtice & de bonne foi, que feroit-il arrivé ? Qu'ils auroient lié avec ces Peuples un Commerce très-avantageux. Les Negres avoient de la poudre d'Or qu'ils livroient aux Portugais pour des bagatelles de verre. En les attirant peu à peu par de bons traitemens, ils feroient venus en foule apporter leur or, des dents d'Eléphant & d'autres objets du crû de leur Pays qu'ils eſtimoient moins que les Européens, & qui auroient pu fonder un riche Commerce. On avoit découvert la riviere du Sénégal qui arroſe une partie conſidérable du Continent de l'Afrique, & qui eſt habitée ſur ſes bords par des Peuplades nombreuſes. Qui empêchoit qu'on ne remontât le fleuve juſqu'à une certaine hauteur pour mieux connoître le Pays ? Si la crainte d'être aſſaillis par les Negres eût détourné de ce projet, on auroit du moins, en ſe tenant à

PRÉLIMINAIRE. lxxxv

l'embouchure du fleuve, trafiqué avec eux d'une maniere d'autant plus utile qu'il y a beaucoup d'or dans les Contrées qui font au haut du Sénégal. Mais une cupidité aveugle, l'imprudence & d'autres caufes firent évanouir de fi belles efpérances.

Une autre faute confidérable que firent les Portugais, ce fut de ne pas former dans le Continent ou dans quelqu'une des Ifles, un établiffement qui pût fervir de point d'appui à leurs découvertes, & abréger la longueur de leurs entreprifes navales. Comment ne vint il pas dans la penfée du Prince Henri de choifir un bon Port dans un lieu où l'air fût fain, d'y conftruire des fortifications fuffifantes, de l'approvifionner des chofes néceffaires aux armemens, afin que les Navigateurs ne fuffent pas fans ceffe obligés de perdre un tems infini dans leurs voyages des Ports du Royaume fur la côte d'Afrique? N'attribuons point à une autre cause la lenteur des découvertes dans ces parages. Chaque Vaisseau qui partoit du Port de Lagos où se faisoient presque tous les armemens, s'estimoit fort heureux, quand il étoit parvenu à pousser les découvertes quelques lieues plus loin. Un grand nombre étoient forcés de reprendre la route de Portugal faute de vivres, au lieu que si on avoit eu quelque établissement au Cap-Verd ou au-delà, les Navigateurs destinés aux découvertes les auroient poursuivies avec bien plus de succès, & l'Infant auroit eu la satisfaction avant de mourir de leur voir doubler le Cap le plus méridional de l'Afrique qui leur auroit ouvert la route des Indes.

Quoi qu'il en soit, peu de Princes ont autant mérité du genre-humain que celui dont on va lire l'Histoire. C'est lui qui le premier a exécuté l'idée si souvent conçue inutilement de rapprocher toutes les Nations par les liens du Commerce. Il employa quarante ans de sa vie à perfectionner, à étendre la Navigation. Et qu'on ne dise pas qu'il est douteux si cet art a fait plus de bien que de mal aux hommes. Une pareille question ne peut être agitée sérieusement que par des esprits aveugles ou prévenus qui ne sentent pas que tout ce qui aggrandit l'ame de l'homme lui est utile, que tout ce qui l'unit plus étroitement avec ses semblables est un bienfait pour lui. Mais l'homme étoit plus heureux dans son ignorance qu'il ne l'est, depuis que le globe entier est dévoilé à ses regards. Cette assertion est démentie par cet instinct de curiosité qui nous est si naturelle; il est faux que des connoissances plus étendues soient une jouissance trompeuse pour l'homme qui pense & s'il y a un plaisir sensible & digne de nous, c'est celui de saisir la chaîne des rapports qui unissent tous les Peuples de l'Univers.

DISCOURS

Mais les hommes ont abufé de la Navigation : & de quoi n'abufent-ils pas ? Sans doute dans ces momens d'humeur que nous donnent leurs paffions & leurs vices, nous défirerions qu'ils ne fuffent jamais fortis de la terre qui les vit naître, fur-tout quand ils n'ont pénétré dans des Régions lointaines que pour y porter leur inquiétude & leur fureur. Mais examinons de fang-froid les avantages qui ont réfulté de ces Navigations hardies dont on n'eft plus que médiocrement frappé, tant l'accoutumance nous familiarife avec les chofes les plus étonnantes ! Les Peuples font fortis des ténebres de l'ignorance & des horreurs de la barbarie ; le Commerce a adouci les mœurs des Nations, & leur a rendu comme néceffaire la paix qui leur permet de jouir des biens de la nature & des avantages des arts. Un jour viendra, n'en doutons point, où ces effets heureux feront encore mieux fentis, où les hommes acheveront de connoître leurs vrais intérêts. Déja un Prince, que l'Histoire placera parmi le petit nombre des Rois bienfaisans qui ont consolé la terre de ses malheurs, a fait entendre sa voix puissante dans toute l'Europe, & a annoncé aux Peuples la liberté des mers. Toutes les Nations se sont empressées de concourir à ses vues pacifiques. Oui, le jour n'est pas loin où l'Océan si souvent troublé par nos divisions ne verra plus que des Pavillons amis flotter sur ses ondes, où les foudres de la guerre ne serviront plus qu'à épouvanter toute Nation injuste qui osera dire aux autres Nations : C'est moi qui dois régner sur les mers. Puisse le Ciel hâter le moment de cette heureuse révolution, & venger les bienfaiteurs du genre-humain du reproche dont on les charge, d'avoir ouvert une nouvelle route au crime en franchissant les barrieres que la nature opposoit à l'audace de l'homme !

L'ame du grand Henri, senfible encore à la gloire & au bonheur de l'humanité, en treffaillira de joie dans son tombeau.

Il ne me refte plus maintenant qu'à dire quelque chofe de l'Ouvrage dont je donne la traduction. Il fut imprimé à Lifbonne en 1758, & dédié au feu Roi de Portugal. Cette vie d'un Prince si cheri des Portugais fut très-bien accueillie & fit la plus grande fenfation. On en a fait en Angleterre une traduction que je n'ai pu me procurer. L'Auteur de l'Ouvrage eft le R. P. Freire de l'Oratoire, du même nom que le célebre Freire d'Andrade, dont on a une vie de Jean de Caftro, Vice-Roi des Indes, qui eft regardée en Portugal, comme un Ouvrage claffique, & qui eft en effet un modele de pureté & d'élégance. L'Auteur de la vie de l'Infant Dom Henri, qui se cache par modeftie fous le nom de *Candido Lufitano*, eft encore connu par un excellent Ouvrage, qui a pour titre : *Maximes sur l'Art Oratoire*, & par un commentaire fort eſtimé de l'Art Poétique d'Horace. Des productions de ce mérite ſont faites pour nous donner une idée avantageuſe des études de Portugal, ſi nous ne ſavions d'ailleurs que l'on s'y occupe ſérieuſement à y faire refleurir les Lettres; l'Académie qui vient de s'établir tout récemment à Liſbonne ſous les yeux de la Reine, ſera un nouvel objet d'émulation pour un Peuple ſpirituel & poli, qui a une Langue riche, harmonieuſe, pleine d'énergie ; qui n'a beſoin outre cela que de jetter les yeux ſur les titres de ſa gloire pour penſer d'une maniere élevée & s'exprimer de même.

Je voudrois placer ici quelques réflexions ſur la Langue Portugaiſe, comparée à la Langue Eſpagnole. D'abord il eſt certain que ces deux Langues ont un air d'affinité qui frappe au premier coup-d'œil. Les deux Peuples ayant la même origine & habitant le même pays, il n'eſt pas étonnant qu'ils parlent à peu près le même langage. Cependant en y faiſant plus d'attention, on s'apperçoit d'une différence ſenſible dans le génie des deux Langues, & dans la façon de s'exprimer des Écrivains des deux Nations. La Langue Portugaiſe ſemble avoir plus de préciſion, plus de vivacité dans les tours, quelque choſe de plus libre, de plus animé. C'eſt la Langue d'un Peuple guerrier qui penſe hardiment, ou ſi l'on veut d'un Peuple familiariſé avec la mer; & l'on ſait par expérience que cet élément communique à ceux qui le fréquentent une certaine fierté qui a également influé ſur le génie de la Langue Angloiſe. La Langue Eſpagnole au contraire étant parlée par un Peuple Paſteur & Agricole (car telles étoient les occupations favorites du plus grand nombre des Habitans de l'Eſpagne dans le tems que leur

Langue a commencé à se former) elle a contracté le génie de ces deux états; les comparaisons, les proverbes y sont fréquens, les mots ont quelque chose de plus grave & de plus sonore, ils sont plus longs parce que les Peuples qui parloient cette Langue n'avoient pas les mêmes raisons d'être concis dans leurs expressions. Un autre différence que l'on peut remarquer, c'est que les Romans sont bien plus du goût des Espagnols que des Portugais, & cela vient de ce que ce dernier Peuple ayant toujours été dans une action violente depuis son établissement, il n'avoit guere eu le tems de s'appliquer à écrire des Ouvrages qui supposent le loisir d'une vie paisible. Plusieurs de leurs Auteurs écrivoient & combattoient en même tems; Le fameux Camoëns travailloit à son Poëme de la Lusiade dans l'Inde où il donna souvent des preuves signalées de son courage. Si le tems me le permettoit, je m'étendrois davantage sur ce sujet, qui deviendroit plus intéressant par la comparaison de différens morceaux dans les deux Langues, & je ne sais à laquelle des deux on donneroit la préférence : mais je reviens à mon Auteur.

La premiere chose dont on doit lui savoir gré, c'est d'avoir recueilli avec une fidélité scrupuleuse les faits qui regardent l'Infant Dom Henri, de les avoir présentés d'une maniere simple sans les déguiser, sans les charger de réflexions, tels à peu près qu'on les trouve dans les sources où il a puisé. Un autre mérite qui n'est pas inférieur à celui-ci, c'est la peine qu'il s'est donnée de faire beaucoup de recherches dans les Chroniques de Portugal, ce sont les détails qu'il s'est procurés sur les Isles qui furent découvertes du tems de l'Infant, & plusieurs faits singuliers qui n'étoient point connus, & qui

PRÉLIMINAIRE. xcv

n'en font que plus piquans pour le Lecteur. C'est beaucoup sans doute que de remonter vers les tems anciens, & de débrouiller le chaos des Chroniques du quinzieme siecle. Que de patience cela ne suppose-t-il pas dans un Auteur, quel amour pour la vérité & quel zele pour la gloire de sa Patrie ? Il seroit bien plus aisé de ramasser quelques faits épars dans des sources connues, & de les présenter avec des réflexions qui couvrent l'indigence du sujet & la paresse de l'Historien. Mais quand on a véritablement le talent de l'Histoire & qu'on désire d'être utile aux hommes ; alors il faut s'enfoncer dans des recherches laborieuses, & n'épargner aucun soin pour tirer la vérité des ténebres où elle se cache dans les siecles peu éclairés.

Ceci me conduit à une autre réflexion. Le devoir d'un Historien est de nous faire connoître le siecle dont il écrit l'Histoire,

Cela fait partie du respect qu'il est obligé d'avoir pour la vérité. Ce ne sont pas ses propres vues qu'on lui demande, ce sont celles des hommes qu'il met sur la scene; il doit nous les montrer tels qu'ils sont avec leurs vertus, leurs préjugés & leurs vices. Chaque siecle a pour ainsi dire son esprit particulier, ce qui jette une variété intéressante dans les annales des Nations. Il faut mettre le Lecteur en état de saisir les nuances de chaque siecle; or il me semble que le véritable moyen d'y réussir, c'est de ne point altérer les faits en les faisant passer par le creuset du siecle où l'on vit. J'ose dire que l'on connoîtra mieux le quinzieme siecle après avoir lu cette Histoire, que si l'Auteur s'étoit donné plus de liberté dans ses réflexions, & qu'il eût voulu nous dicter le jugement que nous devons former sur les faits qu'il rapporte. La bonne foi même avec laquelle il entre dans les motifs de certaines

actions

PRÉLIMINAIRE. xcvij

actions & les louanges qu'il leur donne, tourne à l'avantage du Lecteur judicieux. Un homme qui auroit eu d'autres idées, auroit peut-être supprimé ou altéré certains faits importans. Mais alors que seroit devenue la vérité de l'Histoire, & comment pourrions-nous assoir un jugement sur l'époque intéressante où la nature a placé le Héros dont on nous présente la vie ?

Il faut à un Historien une capacité plus que commune pour bien juger les siecles & les hommes. C'est le talent de Tite-Live, de Tacite & de quelques modernes en très-petit nombre. La plupart font un Roman de l'Histoire en se livrant trop aisément au plaisir de nous amuser ou de nous instruire par leurs réflexions. Ils commencent par se perdre eux-mêmes dans leurs propres idées, & finissent par égarer le commun des Lecteurs auxquels ils ne donnent que de fausses notions, que les rêves d'un esprit

e

malade qui ne peuvent tenir lieu de la vérité : auſſi les perſonnes inſtruites gémiſſent de cet abus qu'on fait de l'Hiſtoire, elles abandonnent ces guides aveugles qui ne les entretiennent que de leurs chimeres, & retournent ſe conſoler avec les Joinvilles & les Commines.

Outre la vérité des faits qui eſt le premier mérite d'un Hiſtorien, l'Auteur que j'ai traduit eſt encore eſtimable du côté du ſtyle. C'eſt le jugement qu'en a porté ſa Nation qui ſe connoît en ce genre de mérite, & qui a d'excellens morceaux d'Hiſtoire qui peuvent lui ſervir d'objet de comparaiſon. S'il m'eſt permis d'ajouter quelque choſe à un ſuffrage ſi flatteur & ſi général, je dirai que le ſtyle de l'Hiſtorien de Dom Henri eſt clair, ſolide, élégant, que les tableaux qui ſe préſentent ſous ſa plume ſont ſouvent rendus avec force & énergie, & qu'on remarque en général dans ſon Ouvrage un tort de patriotiſme qui fait honneur à son auteur. Je désirerois seulement qu'il se fût moins étendu sur les expéditions de Ceuta & de Tanger. Les détails où il est entré au sujet des combats livrés en ces deux occasions, deviennent fatigans par les répétitions où l'Auteur a été forcé de tomber. Je voudrois encore qu'il nous eût dit quelque chose du Gouvernement qui fût établi dans les Isles Portugaises, lorsqu'on y envoya des Colonies, qu'il eût fondu dans le récit qu'il fait de ces établissemens, quelques réflexions sur leurs progrès, leur état présent, le génie & les mœurs de leurs Habitans. J'ai tâché de suppléer en partie dans ce *Discours Préliminaire* à plusieurs observations que l'Auteur a laissé échapper, ou qui ne lui ont point paru devoir entrer dans le plan qu'il s'étoit formé. Du reste je rends justice à ses talens & à la bonté de ses vues. Il est aisé de s'appercevoir, d'après les réflexions judicieuses & profondes qu'il fait à la fin de son Histoire sur les avantages que l'Europe a retirés des entreprises de l'Infant Dom Henri, qu'il n'eut tenu qu'à lui de porter la même lumiere sur les autres parties de cette Histoire, s'il n'eût été retenu par des considérations qui n'ôtent rien à son mérite ni au plaisir qu'on aura de le suivre avec ses intrépides Navigateurs. Il ne me reste plus qu'à former un vœu, qui peut-être s'accomplira, celui de voir une main habile nous tracer une Histoire détaillée & intéressante de la Navigation Portugaise depuis l'Infant Dom Henri : quoique Barros & Couto aient jetté les fondemens de ce grand Ouvrage, il est resté imparfait. Mais on sent qu'il faudroit une grande étendue de connoissances & de lumieres pour le finir.

VIE
DE L'INFANT
DOM HENRI
DE PORTUGAL.

LIVRE PREMIER.

J'ÉCRIS la vie d'un Héros, de l'illustre Infant Dom Henri ; nom chéri des Portugais, respecté des Nations étrangeres ; Prince à qui la postérité rend ce témoignage depuis plusieurs siècles, que s'il ne porta point la Couronne, au moins ses vertus lui don-

A

nèrent des titres pour la mériter. Les exploits guerriers, & les fameuses découvertes de cet Infant, qui furent pour le Portugal une source de richesses & de gloire, demandoient, il y a long-temps, que l'on tirât les principaux événements de sa vie, de la poussière de nos Chroniques. Je viens aujourd'hui réparer l'injure des siècles, & présenter une Histoire détaillée de ces faits singuliers. Mais si l'entreprise ne répond point à la grandeur du sujet, qu'on le pardonne à la médiocrité de l'Auteur, ou à la négligence des Écrivains contemporains.

Le Ciel récompense d'ordinaire les vertus des pères, en leur donnant des enfants qui leur ressemblent. La Providence voulut montrer à la terre un exemple de cette espèce de justice, en faisant naître l'Infant Dom Henri du grand restaurateur de ce Royaume, le Roi Jean premier, & de la Reine Philippe, digne épouse de ce Héros. Il naquit leur cinquième fils dans l'ordre de la nature, le premier, si l'on a égard à l'éclat de son nom; &

LIVRE PREMIER.

ce n'est pas le moindre trait de son éloge, que l'Histoire lui ait donné un rang distingué parmi ses frères.

Naissance de l'Infant Dom Henri.

Il vint au monde dans la ville de Porto, le Mercredi, 4 de Mars, de l'année 1394. Nous ne sommes point du nombre de ces Écrivains, amis du merveilleux, qui, pour illustrer un Héros dès le berceau, entassent & combinent des hasards, qui tiennent du prodige aux yeux des gens crédules. Mais nous ne devons point oublier que l'Infant naquit avec une croix marquée sur sa poitrine ; signe mémorable, que le temps vérifia depuis, & qui étoit un présage de ses découvertes & de ses conquêtes. On vit dans la suite que le Ciel avoit fait naître ce Prince pour étendre la foi orthodoxe, & la postérité confirma le jugement de ceux qui, à la vue de ce signe, avoient pensé que Dieu l'avoit donné au monde pour une fin si auguste.

Ses premières études.

Elevé sous les yeux de la Reine sa mère, ses vertus devançoient son âge, de manière que la Cour en parloit avec admiration, & les com-

A ij

paroît déja à celles de ses illustres Aïeux. La piété, l'affabilité, la bienfaisance unies avec un caractère vif & un cœur généreux, annonçoient en lui un Prince né pour le bonheur des Peuples. Après qu'on l'eut instruit dans les études qui développent dans les Princes les dons d'un heureux naturel, & modèrent la fougue du caractère, il se mit à cultiver les Arts qui présentent l'image des combats. Sa propre inclination, l'exemple de son père, tout le portoit à ces exercices, & il s'y livra avec ardeur, comme s'il eût déja pressenti les grandes actions auxquelles la Providence le destinoit, & qui vont faire le sujet de cette Histoire.

Il annonce beaucoup de goût pour la guerre.

Aimé de son Peuple, redouté de ses voisins, le Roi son père venoit de quitter ces armes avec lesquelles il avoit fait trembler la Castille, & remporté sur elle une victoire presque incroyable. Mais comme il régnoit sur des Sujets accoutumés aux triomphes, les uns poussés par leur courage, les autres par l'intérêt, soupiroient après la guerre, regardant les avantages de la paix comme une servitude pour leur valeur. L'Infant Dom Henri & ses freres désirant illustrer leur nom de Princes par des exploits de soldats, donnoient du crédit à ces plaintes qui parvinrent jusqu'aux oreilles du Roi. Il les reçut avec une espece de vanité, charmé de se voir revivre dans le courage de ses enfants.

Les Princes demandèrent à leur Père qu'il les armât Chevaliers. C'étoit alors une cérémonie qui n'avoit point lieu dans un temps de paix; il falloit qu'elle fût précédée par des actions éclatantes, & qu'elle se fît, pour ainsi dire, sous les yeux de l'ennemi. Cependant le Roi voulant satisfaire au desir de ses fils, où essayer leur courage, résolut de donner une Fête brillante, & d'y inviter les Chevaliers, tant Portugais qu'étrangers, qui avoient le plus de réputation dans les joûtes & dans les tournois, honorables exercices de ces siècles guerriers.

L'idée du Roi ne plut point aux Princes. Ils regardèrent comme une

Il demande au Roi son père d'être armé Chevalier.

Il ne goûte point la manière dont le Roi vouloit l'armer Chevalier.

chose indigne de leur Sang, ou tout au moins de leur courage, de recevoir un tel honneur dans des combats où il y avoit peu de gloire à acquérir. C'étoit une réputation de Soldats qu'ils vouloient, & on ne leur en présentoit qu'une de Chevaliers. Cependant ils dissimulèrent, espérant que le temps ou le génie belliqueux de leur père leur ouvriroient un champ plus digne de leur valeur. Mais voyant que le Roi alloit exécuter son dessein, ils s'en plaignirent, & en conférèrent avec leur frère le Comte de Barcellos, pour se ménager en lui un médiateur auprès de leur père, & un confident sage qui assurât le succès de leurs mesures. Ils lui représentèrent vivement qu'ils n'étoient nullement contents de la manière dont leur père vouloit les armer Chevaliers, qu'ils étoient résolus d'aller le trouver, & de lui demander comme une grace qu'il daignât les employer à quelque expédition Militaire hors du Royaume, afin de mériter l'honneur qu'ils désiroient, en se distinguant & en servant la Patrie.

LIVRE PREMIER.

Dom Alphonse qui étoit dans les mêmes sentiments, approuva leur résolution, & leur témoigna son regret de n'avoir pas eu le premier une idée où la gloire du Roi n'étoit pas moins intéressée que la réputation de ses frères. Il en conféra secrétement avec les Infants Dom Pedro & Dom Henri, & ils convinrent de la manière dont ils s'ouvriroient au Roi d'un dessein si généreux. Comme ils étoient dans la chaleur de leur entretien, arriva Jean Alphonse, Intendant des Finances, homme aussi estimé du Roi pour ses vertus que pour ses services. Il fut des Infants le sujet de leur conversation, & admirant des sentiments si nobles, non seulement il loua, mais il appuya leur dessein, & leur conseilla de proposer à leur père la conquête de Ceuta; entreprise aussi utile pour le Royaume qu'honorable pour eux.

Conférence entre les Infants Dom Pedro & Dom Henri sur la conquête de Ceuta.

Les Princes ne donnèrent point le temps à l'Intendant des Finances de leur exposer les motifs de l'avis qu'il venoit d'ouvrir. Comme il y avoit de la gloire à acquérir dans

Raisons qu'on leur oppose.

A iv

cette expédition, ce fut une même chose pour eux de l'entendre proposer & de l'approuver. Ils furent sur le champ trouver le Roi. Une affaire de cette importance demandoit les plus mûres réflexions. Le Royaume s'étoit comme épuisé dans la guerre contre la Castille, on avoit peu de troupes, encore moins d'argent. L'entreprise n'étoit pas seulement grande, mais hasardeuse, parce que la fortune toujours si inconstante, ne fait nulle part mieux sentir ses vicissitudes que sur la mer; & en supposant qu'on pût avoir des hommes & des Vaisseaux, étoit-il prudent de dégarnir les Places fortes, de s'exposer à une invasion de la part de la Castille dont les plaies saignoient encore, ou tout au moins de risquer pour conquérir une seule Ville, les forces d'un Royaume paisible & triomphant? D'autant plus qu'avec la certitude même d'une victoire en Afrique, l'entreprise n'avoit rien d'honorable par l'impossibilité où l'on étoit de s'y maintenir, qu'on s'y engageroit témérairement, & qu'on feroit obligé de s'en retirer avec honte.

C'est ainsi que le Roi raisonnoit en homme prudent & en guerrier habile. Ce fut aussi la réponse qu'il fit aux Princes ses enfants ; ils en furent consternés, ils voyoient leurs espérances s'évanouir, & le fil de leurs généreux desseins étoit rompu. Quelques jours s'écoulèrent, après quoi l'Infant Dom Henri ayant pesé mûrement les raisons de son père, & voyant que les difficultés qu'il avoit faites pouvoient se vaincre, il résolut de parler au Roi en son nom & au nom de ses frères : il lui dit que si le Royaume manquoit de moyens, d'argent & de troupes pour faire la conquête de Ceuta, il lui sembloit qu'en réformant les dépenses excessives de sa Maison, l'on pouvoit se procurer des fonds considérables ; que les particuliers, dont un si bel exemple confondroit la vanité, retrancheroient aussi de leurs profusions, pourroient se montrer en Afrique avec plus de munitions de guerre & de Soldats, & qu'ils combleroient

Discours par lequel il persuade le Roi.

A v

de louanges l'économie du Roi, qui d'un Peuple vain en auroit fait un Peuple puissant; qu'en commençant par la réforme du luxe de la Cour, on étoit presque sûr que le Ciel béniroit nos armes, mais qu'en supposant qu'il en arrivât autrement, on gagneroit toujours par cette réforme une victoire sinon plus honorable du moins plus utile, en triomphant au sein de la paix d'un vice qui est la ruine des Etats; que d'ailleurs le Roi savoit par une longue expérience qu'il avoit souvent commencé ses entreprises sans avoir des moyens suffisants, mais que Dieu s'étoit bientôt déclaré pour lui, & avoit rempli ses ennemis de terreur; que si le Ciel l'avoit si bien secondé dans des guerres où il ne s'agissoit que des intérêts du Royaume, pouvoit-on penser qu'il l'abandonnât dans une cause qui étoit la sienne, & dont il devoit recueillir les principaux avantages, puisqu'on alloit combattre les Infideles.

Pour ce qui est du manque de troupes, que ce n'étoit point le nombre, mais la valeur & la discipline qui faisoit la force des armées, qu'il régnoit sur un Peuple familiarisé avec la victoire, & qu'il n'y avoit point à craindre que l'Afrique pût résister à des troupes qui venoient de renverser & de disperser les armées si bien disciplinées de la Castille. Que quand même on n'auroit pas tout le monde nécessaire pour l'expédition, il falloit y inviter les Soldats étrangers qui s'engagent toujours volontiers dans ces sortes d'entreprises par l'espoir du butin. Qu'il seroit aussi facile d'avoir des Vaisseaux par le même moyen, après avoir fait réparer & conduire à Lisbonne tous ceux qui pouvoient servir, que les Négociants du Royaume sauroient bien en faire venir de l'Étranger si on les favorisoit, & qu'ils fussent assurés de retirer leurs avances, avec des profits & des distinctions honorables.

Quant à la crainte où l'on étoit que le Roi de Castille ne profitât de notre absence pour entrer en Portugal, l'Infant ajouta que la valeur & la fidélité Portugaise étoient suffisantes pour mettre les Places à l'abri de toute insulte, mais qu'il se fioit encore davantage à la parole du Roi Catholique, dont les traités étoient garants qu'on n'avoit point à craindre de lui une perfidie dont les Barbares d'Afrique étoient seuls capables. Qu'il laissoit au jugement du Roi d'autres raisons politiques qui devoient nous rassurer du côté de la Castille, puisque l'Infant Ferdinand étoit plus intéressé que personne à ne point rompre avec le Portugal, dans le dessein dont il s'occupoit de mettre sur sa tête la Couronne d'Aragon.

Le Roi l'interrompt.

L'Infant alloit répondre à la dernière difficulté fondée sur le défaut de troupes suffisantes pour assurer la conquête après la victoire ; mais le Roi l'interrompit & le quitta, faisant connoître par son silence & un départ si brusque qu'il étoit convaincu de la force de ses raisons. L'Infant cherchoit une occasion favorable de parler au Roi : elle lui fut offerte par le Roi lui-même qui le fit appeller pour lui dire qu'il vouloit entendre la fin du discours qu'il ne lui avoit pas donné le temps d'achever quelques jours auparavant. Le Prince s'empreſſa de le ſatisfaire, & lui prouva par des raiſons priſes de la politique & de la Religion, que comme cette entrepriſe étoit la cauſe du Dieu des armées, le même bras qui lui donneroit la victoire, lui aideroit à la conſerver. Qu'il n'avoit qu'à ſe rappeller lui-même tant de batailles gagnées, tant de Places défendues avec des armées & des garniſons peu nombreuſes ; que Dieu l'avoit fait Roi d'un Peuple où la valeur étoit héréditaire, où en aucun temps on n'avoit abbandonné à l'ennemi les drapeaux de la victoire, & ſur-tout lorſque des mains infideles prétendoient les lui arracher. Il finit par l'aſſurer que ſi on le nommoit lui-même Gouverneur de Ceuta, il ſe chargeoit de maintenir cette Place dans ſon obéiſſance avec une poignée de Portugais. Tant il avoit de confiance dans la fidélité & la bravoure de ſa Nation.

Après qu'il eut ceſſé de parler, le père ne put retenir ſes tranſports. Il *Le Roi lui donne des éloges & approuve l'entrepriſe.*

voyoit dans un fils si digne de lui non-seulement un héritier de son Sang, mais encore de toute sa grandeur d'ame. Le noble orgueil qu'il en ressentit, éclata sur son visage avec toute l'éloquence de la joie. Le Roi donna de justes éloges à son fils, & approuva l'entreprise. Il est impossible d'exprimer le ravissement de Dom Henri, aussi-tôt il remercia le Roi en son nom & au nom de ses frères auxquels il courut annoncer cette agréable nouvelle par ordre du Roi même.

Le Roi fait partir Dom Alvarès-Gonçalves-Gemello & Alfonse Furtado pour observer la situation & la forteresse de Ceuta.

Les Princes, au comble de leurs vœux, vinrent témoigner leur reconnoissance à leur père, & la conversation étant d'abord tombée sur le projet de la conquête de Ceuta, il fut décidé qu'on enverroit des personnes intelligentes pour observer avec précaution & sans être connus, la situation, la force de la Place, la qualité du terrain, la hauteur des montagnes, afin qu'on pût savoir quelles pièces d'artillerie il faudroit y transporter. On parla aussi-tôt de plusieurs personnes en état de se bien acquitter de la commission ; mais on s'arrêta de préférence au Prieur de Crato Dom Alvarès-Gonçalves-Gemello, & Alphonse Furtado, Grand-Amiral ; celui-ci pour observer la rade & les ports de la Place, celui-là pour s'assurer de l'état des troupes des Maures, du nombre & de la qualité de leurs garnisons.

L'accès de cette Place n'étoit point défendu aux Chrétiens ; il ne leur en coûtoit que quelques présents. Mais comme en allant droit à Ceuta, cela auroit paru cacher quelque dessein surtout de la part d'une Nation fière de ses dernières victoires & qui suçoit avec le lait la haine des Maures, le Roi, en bon politique, crut devoir couvrir ses véritables intentions par un prétexte plausible, & ordonna aux deux Portugais d'aller droit en Sicile vers la Reine Blanche, veuve de Dom Martin, Prince d'Aragon, pour lui déclarer que le mariage qu'elle avoit projetté avec l'Infant Dom Edouard ne pouvoit point avoir lieu, attendu que ce Prince étoit l'héritier présomptif de la Couronne de Portugal, mais qu'on lui offroit en sa place l'Infant Dom Pedro. Cependant les Ambassadeurs devoient aborder, chemin faisant, à Ceuta, & tromper les Maures sous l'apparence d'une Ambassade.

Ils arrivent à Ceuta, & observent la situation de la Place.

Les Ambassadeurs étant nommés & prévenus du secret qu'il falloit garder dans une affaire de cette conséquence, ils partirent sur deux Galères armées en guerre, pavoisées & décorées avec une magnificence qu'on n'avoit point encore vue sur la mer, comme si on n'avoit pas eu d'autre objet que de donner de l'éclat à cette Ambassade. On arriva bientôt à Ceuta par un vent favorable, on jetta l'ancre devant la Place, & on témoigna avoir besoin de prendre des rafraîchissements, & de donner quelque repos aux équipages. Le Prieur de Crato ayant mis pied à terre, ne perdit point de temps pour observer le pays & prendre ses informations. Alphonse Furtado profita de la nuit pour visiter les côtes & le Port. Ainsi après avoir rempli l'objet de leurs instructions, ils

LIVRE PREMIER. 17

levèrent l'ancre le lendemain, & firent voile vers la Sicile. Mais comme l'issue de cette Ambassade est étrangère à notre Histoire, nous la passerons sous silence, & nous nous contenterons de dire que les Ambassadeurs à leur retour toucherent encore à Ceuta, pour répéter leurs premieres observations.

Ils revinrent à Lisbonne avec le même bonheur qu'ils en étoient partis. Un Peuple infini étoit accouru pour jouir du spectacle des deux Galères. En débarquant ils furent trouver le Roi à Cintra, où il étoit avec ses fils. On les attendoit avec impatience. Ils rendirent compte au Roi dans une Audience publique du succès de leur Ambassade, & ensuite dans une Audience secrette, ils lui exposèrent en détail l'état & la situation de la Place ; ils lui apprirent qu'on pourroit s'en rendre maître par un côté du rempart qui tomboit en ruine, & que le débarquement se feroit aisément au Port qui étoit au couchant vers l'Isle d'Elmine qui tient à la Ville par une langue

Ils arrivent à Lisbonne, & informent le Roi de la maniere dont on pouvoit prendre la Place.

de terre, située sur un Canal profond, & que dans cet endroit non-seulement on pourroit aborder avec les Vaisseaux, mais encore loger les troupes. Alphonse Furtado finissoit par assurer le Roi que la Place étoit à lui, expressions qu'il répétoit avec confiance, soit qu'il fût plus expérimenté & plus téméraire, ou qu'il ajoutât foi aux prédictions que lui avoient faites un Maure de Ceuta, & que les Historiens du temps n'ont pas manqué de nous transmettre avec une pieuse crédulité. Nous nous abstiendrons de les rapporter ici ; nous laissons le Lecteur juge de ces sortes de prédictions.

Le Roi fait part à la Reine de l'entreprise de Ceuta. Elle lui offre ses enfants, mais elle n'est point d'avis qu'il les accompagne.

Le Roi Jean résolut de consacrer les Mosquées de Ceuta au Dieu des victoires, & comptant davantage sur la justice de sa cause que sur la terreur de son nom, fit part de son dessein à la Reine qui en avoit déja été instruite par Dom Henri. C'étoit une Princesse d'une grande vertu & d'une élévation de courage qui honoroit son rang & son sexe. Elle vit dans cette entreprise un accroissement de gloire pour la Religion & le Royaume, & animée d'une sainte ambition, elle se félicita d'avoir des enfants qu'elle pût y employer. Elle fut les offrir elle-même à leur père, écoutant moins en cela leurs desirs que la piété. Mais s'étant apperçue aux discours du Roi, qu'il vouloit aller en personne à cette conquête, elle s'efforça de l'en dissuader par des motifs que lui inspiroit son zèle pour le bien de l'Etat, plutôt que sa tendresse d'épouse, pensant au péril où le Royaume se trouveroit dans l'absence d'un Prince qui le soutenoit de son bras victorieux. Après un long entretien où le Roi ne lui répondit que d'une maniere ambiguë, elle se retira sinon satisfaite, du moins consolée par l'espérance de le déterminer dans une seconde entrevue.

Le Roi en homme politique & prudent voulut enfin prendre conseil sur cette affaire pour se mettre à couvert des discours de ces personnes qui traitent de téméraires les entreprises que la fortune n'accompagne

Le Roi consulte le grand Connétable qui approuve son projet.

point. Il confulta le grand Connétable, & voyant qu'il louoit fon deffein comme Chrétien, & l'approuvoit comme Guerrier, il affembla fon Confeil pour délibérer fur les moyens de faire réuffir une entreprife qui étoit déja réfolue. Après qu'on eut prêté ferment de garder un fecret inviolable, le Connétable opina le premier, & appuya fon avis de raifons fi folides & fi convaincantes que tous les autres s'y conformèrent tant par perfuafion que par amour pour la Religion.

Le Roi fait venir à Lisbonne l'Infant Dom Henri qui étoit à Porto.

Comme les préparatifs de cette expédition durèrent trois ans, & que notre Heros n'eut aucune part aux événements qui fe paffèrent pendant ce temps-là, nous en laifferons le détail à des Écrivains plus foigneux que nous à ramaffer jufqu'aux moindres circonftances. Le temps fixé pour l'exécution étant venu, le Roi écrivit à l'Infant Dom Henri qui étoit à Porto de fe rendre à Lifbonne avec fon Efcadre. L'Infant Dom Pedro fon frere l'attendoit dans la Rade avec huit Galères de fa Division. Le Prince entra dans le Port avec vingt Vaisseaux & sept Galères commandées par des Seigneurs de tant de valeur & d'expérience que l'Infant fondoit sur chacun d'eux l'espérance de sa prochaine victoire.

On s'attendoit à partir au premier jour, mais le Ciel mit encore un obstacle à l'impatience des désirs de Dom Henri. La Reine tomba malade, & son état empirant de plus en plus, elle alla enfin recevoir dans le Ciel une Couronne plus éclatante que celle qu'elle laissoit sur la terre. Ce coup se fit tellement ressentir dans tout le Royaume, que chacun la pleura comme sa mère, digne récompense des vertus d'une Princesse qui aimoit les Portugais comme ses enfants. Sa mort causa un grand changement dans l'opinion qu'on avoit de l'entreprise de Ceuta. On répandoit déja dans le public que le Ciel avoit voulu témoigner par cet avis frappant que l'entreprise ne lui étoit point agréable, & ce qu'il y eut de plus fâcheux, c'est que l'affaire ayant été agitée dans le Conseil, sept Conseillers

La mort de la Reine Philippe; présages du Peuple sur l'expédition de Ceuta.

opinèrent contre, & donnèrent du poids aux discours du Peuple, sans que ni l'autorité ni les raisons des Princes fussent capables de les faire changer d'avis.

L'Infant Dom Henri rendit compte au Roi de ce partage d'opinions, & la matière fut débattue de nouveau par les opposants avec des raisons fortifiées par la calamité d'une peste survenue depuis la mort de la Reine. Mais le Roi ferme dans sa résolution, & entraîné comme par une inspiration supérieure, fit publier qu'on eût à se tenir prêt pour partir dans trois jours. Cependant on parloit peu favorablement de la conduite du Roi, & ces discours étoient accrédités chez les uns par la douleur que causoit la mort de la Reine, chez les autres par le secret impénétrable de l'expédition.

La Flotte part de Lisbonne avec le Roi Dom Jean, les Infants ses fils & le Connétable.

On étoit au 25 de Juillet de l'année 1415, jour où l'on célèbre la Fête de l'Apôtre Saint Jacques, & comme le Roi étoit encore plus pieux que vaillant, il voulut assurer sa conquête en se mettant sous la protection d'un Saint auquel on étoit redevable de tant de victoires sur les Maures. Ce fut à pareil jour que la Flotte partit de Lisbonne : elle consistoit en 33 gros Vaisseaux, 120 Bâtiments & 59 Galères. Les Auteurs du temps ne disent rien du nombre des Soldats. Mais des Historiens nationaux & étrangers qui ont écrit depuis, les font monter à plus de 50000 hommes, parmi lesquels on comptoit presque toute la Noblesse du Royaume & nos meilleures troupes. Ce que nous pouvons affirmer avec vérité, c'est que plusieurs Seigneurs armèrent à leurs frais, & que Dom Pedro de Menezes se distingua en fournissant lui seul cinq Vaisseaux. Comme le Roi marchoit en personne avec les Princes ses fils, on se portoit avec ardeur à une entreprise faite pour enflammer le zele d'une Nation généreuse. Pour ne pas perdre de vue notre sujet principal, nous ne donnerons point la liste des Guerriers illustres qui s'engagèrent dans cette expédition. Leurs noms occupent une place honorable dans nos

Annales, & l'Afrique se souvient encore de leurs exploits. Nous nous contenterons de dire que le Roi, les Princes ses fils & le grand Connétable étoient sur la Flotte.

Les vents sembloient conspirer avec un si formidable armement; le 26 on doubla le Cap Saint-Vincent, le Roi fut jeter l'ancre à Lagos, & le jour suivant étant descendu à terre, il entendit la messe à la Cathédrale. Comme il étoit temps de découvrir à la Flotte le secret de l'expédition, le Roi ordonna à son Prédicateur nommé Jean de Nira de monter en Chaire pour publier la Bulle de la Croisade en faveur de ceux qui avoient pris les armes dans cette occasion, & de les informer en même temps de la destination de la Flotte. L'Orateur, dit-on, s'acquitta de sa commission avec plus d'éloquence que de fruit. Le plus grand nombre opiniâtrement attachés à leurs premieres idées, regardèrent son discours comme un nouvel artifice du Roi pour rendre son secret plus impénétrable; d'autres plus

religieux

religieux & plus sages ajouterent foi au Ministre de vérité.

De Lagos, le roi fit voile vers Faro où le calme le retint jusqu'au 7 d'Août. Mais s'étant élevé un vent du couchant, vent qui n'a rien de dangereux sur cette côte, il parut à la vue des Places maritimes de l'Andalousie, qui prirent l'alarme aux approches d'un armement si formidable, commandé par un Prince qui avoit fait trembler la Castille. Après quatre jours de navigation on découvrit les terres de Barbarie, on débouqua le Détroit pendant la nuit, & on fut mouiller à Tarife, Ville dont Martin - Fernand - Porto - Carero étoit Gouverneur pour le Roi de Castille : c'étoit un Seigneur Portugais, oncle du Comte Dom Pedro de Menezes; dès qu'il sut que le Roi étoit sur la Flote, il lui envoya sur le champ son fils avec des rafraîchissemens considérables. Le Roi ne les accepta point, mais il reconnut cette attention par de riches présens qu'il accompagna de marques d'estime encore plus pré-

Ils arrivent en Barbarie, prennent fond à Tarife, le Roi y est visité par le fils du Gouverneur de la Place.

cieux pour ces nobles Portugais.

La Flote part pour Gibraltar, mouille à Algesire, & reçoit des rafraîchissemens des Maures.

On étoit déja bien près de Ceuta, mais le Roi ne voulant point alarmer cette Place avant le tems ni laisser pénétrer ses desseins, fit lever l'ancre & tourna vers Gibraltar. Les Maures prirent l'épouvante à la vue de cette Flotte qui couvroit la mer; mais ils perdirent tout-à-fait courage, quand ils s'apperçurent qu'elle avoit pris fond à Algesire. Pour se rassurer dans leur frayeur, ils envoyerent des rafraîchissemens à la Flote, & les accompagnerent d'expressions qui ne se sentoient nullement de leur barbarie, la situation où ils se trouvoient les ayant rendus prévenans & respectueux. Le Roi accepta les rafraîchissemens, & récompensa l'Envoyé des Maures avec sa magnificence ordinaire. Il est à présumer que cette conduite du Roi ne prêta pas peu aux réflexions oiseuses de l'armée, qui lui voyoit accepter à Gibraltar ce qu'il avoit refusé à Tarife; mais les politiques durent sentir qu'en refusant le présent des Portugais, il leur donnoit une preuve de son amitié, & qu'en acceptant celui des Maures, il les empêchoit de pénétrer ses desseins.

Le tems que la Flote séjourna devant Gibraltar, se passa en divertissemens pour nos troupes, & en alarmes pour les Villes voisines. Mais déjà les murailles de Ceuta sembloient provoquer le courage impatient du Roi. Il mit à la voile le douze d'Août pour se rendre vers cette Place ; mais il fit un brouillard si épais, & les courans étoient si violens, que la Flote fut entraînée vers Malaga ; ce qui donna aux Maures le tems de respirer, regardant cette tempête comme un présage de leurs succès. La Division que commandoit Estevan-Soares-de-Mello échappa seule à la fureur de la mer ; il alla mouiller avec ses Galeres, ses Flûtes & ses Vaisseaux dans le voisinage de Ceuta ; les Maures fermerent aussi-tôt les portes par précaution, sans rien craindre toutefois d'un si petit nombre de voiles. Mais tandis que le gros de la Flote lute contre les ondes, il ne sera pas

La Flote fait voile vers Ceuta ; mais la tempête la pousse vers Malaga.

hors de propos de donner une idée de la Ville de Ceuta, ce grand Théâtre où l'Infant Dom Henri ouvrit par des prodiges de valeur une nouvelle carrière de gloire à sa Nation.

<small>Description de la Ville de Ceuta.</small>

Ceuta est une Place forte de la Province d'Habut dans le Royaume de Fez. Elle est située sous le 35ᵉ degré 52 minutes de latitude, & le 13ᵉ degré 13 minutes de longitude. Elle est à l'embouchure du Détroit de Gibraltar, & défendue par sept montagnes que les Géographes appellent les Sept-Frères avec Pline, & dont elle a quelquefois pris son nom, s'il faut en croire Pomponius Mela. Mais laissons les Écrivains se disputer sur son étymologie, & parlons de ses forces & de son opulence. Capitale de la Mauritanie-Tingitane, Province de l'Afrique-Citérieure sous les Romains, son commerce & ses richesses allèrent toujours en croissant dès le moment de sa fondation, avantages qu'elle dut à l'industrie de ses Habitans & à la bonté du climat. Dans la suite elle devint si florissante, que toute l'Europe regardoit Ceuta comme le magasin des riches manufactures de l'Orient. On y alloit chercher les drogues précieuses qu'elle tiroit non-seulement d'Alexandrie & de Damas, mais encore de la Libie & de l'Egypte. Ses forces Militaires ne le cédoient pas à son commerce, comme on en verra la preuve dans cette Histoire. Au goût des armes, ses Citoyens joignoient l'étude des Lettres que les Arabes y avoient apportées dans un temps où ils étoient presque la seule Nation éclairée de l'Univers. Enfin pour donner un nouveau lustre à sa grandeur, elle étoit remplie d'Edifices superbes, dont les uns servoient au luxe des particuliers, les autres à la pompe de la Religion. La magnificence de ses Palais & de ses Mosquées étoit si grande, que les ruines mêmes en parurent surprenantes aux Portugais, quand ils se furent rendus maîtres de la Ville, & ils ne purent s'empêcher d'admirer, à travers les injures du temps, l'élévation du génie de ces barbares.

A l'époque dont nous parlons, Zala-Benzala, Gouverneur de

Zala Benzala étoit Gouverneur de la Place, & il y joignoit les Seigneuries de Tanger, d'Arzille & d'autres lieux; outre la considération que donnoit à ce Maure l'honneur d'être issu du Sang des Rois Benmerins, il s'étoit encore rendu recommandable par sa valeur, ses talens pour la guerre & sa prudence dans les conseils. Ce barbare ne s'épouvanta point à la vue de nos Vaisseaux qui mouilloient devant la Place, il songea seulement à se précautionner contre toute insulte de la part d'un ennemi qui sembloit ne respirer que pour l'extinction des Maures. Il se hâte d'avertir Said Roi de Fez & les Villes voisines, afin qu'on lui envoyât du secours, & il fut si bien servi, qu'en peu de temps il eut une armée de cent mille hommes. Il les distribua dans la Place & dans les endroits de la côte les plus exposés, résolu de s'ensévelir sous les ruines de la Ville, ou de détruire notre armement, si les vents ramenoient la Flote à la vue de ses murailles.

Le Maure enorgueilli par des

Ceuta, donne avis à Said, Roi de Fez, de l'arrivée de la Flote, & lui demande du secours.

Première action des Portu-

forces si supérieures, voulut avoir la gloire d'attaquer le premier, & donna ordre qu'on fît feu sur nos Vaisseaux. On ne cessoit de tirer du haut des murailles, & comme les forces étoient si inégales, nos troupes eurent beaucoup à souffrir, espérant bien prendre leur revanche dans un autre temps. Quelques Soldats étant descendus à terre, sans penser à engager une action, les Maures crurent que c'étoit un défi. Ils vinrent à leur rencontre avec l'arrogance d'un ennemi qui se bat sur son propre terrein, & qui a l'avantage du nombre. Le combat s'engagea, & la victoire fut long-temps disputée avec acharnement. Mais enfin les Maures fatigués & couverts de blessures, rentrerent dans la Place, laissant sur le champ de bataille qu'ils abandonnoient, des preuves incontestables de notre valeur.

gais avec les Maures de Ceuta.

Cependant le calme étant revenu sur la mer, le Roi Dom Juan résolut de se rendre au Port de Barbaçote, qui est au levant de Ceuta,

Le Roi ordonne de réunir toute la Flote, & marque le lieu du débarquement.

& qui étoit l'abri le plus sûr contre les vents du couchant, dont on pouvoit craindre alors la violence & le danger. Mais comme il falloit réunir la Flotte dont plusieurs Vaisseaux étoient encore dispersés, l'Infant Dom Henri eut ordre d'aller les chercher avec quelques Galères legères & de les amener à Barbaçote. Il partit sur le champ, & conduisit au lieu marqué tous les Bâtiments que la tempête avoit séparés du gros de l'Escadre. Enfin au grand contentement du Roi & de toute l'armée, la Flote se trouva réunie le 16 d'Août, événement qui fut célébré par des salves réitérées. Il y avoit tout à craindre d'un plus long délai sur ces mers inconstantes, & déja les Soldats impatiens d'en venir aux mains avec l'ennemi, regardoient comme perdues les heures qu'ils employoient à se refaire de leurs fatigues. Ces considérations décidèrent le Roi à ordonner le débarquement pour le lendemain Samedi, jour que la dévotion a consacré à la Mère de Dieu;

dont ce Prince n'avoit jamais invoqué en vain la protection dans le cours de ses victoires.

Déja tous se disposoient à sauter à terre, lorsqu'une tempête aussi furieuse que la première les mit de nouveau aux prises avec l'ennemi dont ils avoient tant souffert. Le vent étoit si fort & la mer si grosse, qu'ils se virent obligés de lever l'ancre, & de prendre le large pour ne pas faire naufrage dans le Port. Errans à la merci des flots, les Galères comme plus legères furent prendre fond à Algezire, les Vaisseaux plus lourds furent entraînés par les courans, & poussés vers Malaga. Ces contretemps, sans abattre l'ardeur des troupes, commençoient à donner des doutes sur le succès de l'expédition, & déja les discours des uns nuisoient au courage des autres. Ils disoient que le Ciel n'avoit jamais paru approuver cette conquête; que c'étoit pour la seconde fois qu'il s'expliquoit par la voix des éléments, & que la troisième pourroit bien leur être fatale; qu'il étoit inutile de

Seconde tempête. La Flote est encore poussée vers Malaga.

luter contre ses volontés ; qu'il étoit visible que Dieu penchoit à préfent pour les ennemis ; que le motif en étoit caché dans ses jugements incompréhensibles, & que la victoire dont ils s'étoient flatés appartiendroit à des Soldats plus heureux.

{Les tempêtes que la Flote essuya, servirent beaucoup au succès.} Ainsi raisonnoient plusieurs, donnant carrière à leur imagination. Mais que les pensées des hommes sont bornées ! La tempête qui paroissoit être d'un présage funeste, fut un des moyens que le Ciel nous ménagea pour le succès ; elle servit à tromper les Maures, qui se réjouissoient de nos malheurs. Ils voyoient la Flote dispersée & deux fois battue par la tempête ; ils imaginèrent qu'il lui seroit impossible de se réunir & de se radouber de long-temps, outre que les vents contraires ne permettoient guère de naviger sur leurs côtes dans cette saison. Cependant cette multitude de gens armés qui étoient venus au secours de Ceuta, causoient beaucoup de dépenses & de désordres dans la Ville. Il y avoit du danger à garder plus long-temps ces troupes auxiliaires qu'on pouvoit rappeller au besoin ; on résolut de les renvoyer & de s'en tenir à la garnison ordinaire.

Dès que la tempête fut calmée, le Roi qui étoit à Algézire, ordonna de nouveau à Dom Henri de rassembler les Vaisseaux, ce qu'il fit avec autant d'activité que de succès, & il les ramena tous dès le lendemain. Dans cette occasion il sauva la vie à tout l'équipage d'un gros Vaisseau qui alloit couler bas pendant une nuit très-obscure. Il suivit la direction de l'écho que formoient les cris de ces malheureux, aborda le Vaisseau, reconnut que c'étoit celui de Jean Gonçalves-Homem, qui s'étoit ouvert durant la tempête en heurtant contre un autre, les sauva tous en travaillant comme un simple Soldat à alléger le Vaisseau qu'il remorqua avec sa Flote. Ce fut l'unique perte que l'on fit dans ces deux grandes tempêtes qu'on essuya coup sur coup.

Action courageuse de l'Infant Dom Henri.

Nos forces se trouvant réunies à Algézire, & le Roi n'étant pas homme à changer de résolution, il

Le Roi assemble son Conseil.

B vj

ne s'agissoit plus que d'aller attaquer Ceuta ; mais il ne voulut rien faire sans avoir pris l'avis de son Conseil sur les moyens & le lieu le plus convenable à l'attaque. On parloit tout bas sur la Flote de l'expédition, & on en parloit diversement. Plusieurs des principaux Officiers profitant de cette occasion, firent observer au Roi qu'il paroissoit par le nombre infini de Maures qui étoient accourus à Ceuta, que nous n'aurions point à faire à cette Place seule, mais à l'Afrique entière ; qu'ainsi en supposant que les Maures nous fussent inférieurs en courage & en discipline, ils nous surpassoient de beaucoup en nombre & en secours de toute espèce qu'ils tiroient des villes voisines, & dont la Place étoit abondamment pourvue ; qu'elle n'étoit point située de manière à souffrir un Siége, & qu'on n'avoit pas assez de monde pour l'entreprendre, qu'on étoit d'ailleurs à la veille de l'hyver, dont la rigueur nous convaincroit bientôt de l'impossibilité du succès ; mais que comme ils faisoient infiniment plus de cas de l'honneur que de la vie, ils feroient les premiers à tenter toute entreprife qui leur fauveroit la honte de fe retirer fans avoir rien fait & d'être en bute aux railleries du Peuple ; qu'ils propofoient donc la conquête de Gibraltar défendu par une garnifon moins nombreufe, & qui fembloit nous inviter à la victoire par la frayeur que fes habitants avoient fait éclater aux yeux de toute l'armée.

D'autres ouvrirent un avis différent en moins de mots & avec plus de franchife. Ils penfoient que Dieu rappelloit la Flotte en Portugal par les contre-temps qu'on venoit d'effuyer ; que ce n'étoit point lâcheté, mais prudence & religion de céder aux avis du Ciel ; que le Roi & fes troupes étoient affez connus par leurs exploits, pour ne pas même donner lieu au foupçon que les vainqueurs des Caftillans puffent trembler devant les Maures ; enfuite fe tournant vers le Roi, ils ajoutèrent que fi le Ciel lui envioit cette conquête, c'étoit fans doute pour lui en ménager de plus éclatantes dans un autre temps, ou pour lui conferver la gloire de fes triomphes paffés; que d'ailleurs la fortune des armes étoit fi inconftante qu'on perdoit fouvent en un inftant ce qui avoit coûté bien du fang & des fueurs dans plufieurs batailles.

Opinion de l'Infant Dom Henri.

L'Infant Dom Henri, fes frères, le Connétable & quelques Seigneurs commençoient à s'impatienter de ces difcours qu'on auroit crus infpirés par la lâcheté, s'ils avoient été dans d'autres bouches. Le jeune Prince avec une vifage grave & févère qui contraftoit avec les graces de fon âge, parcourant des yeux toute l'affemblée, dit hautement que fon avis étoit & feroit toujours qu'on ne fe défiftât point d'une entreprife fi honorable pour le Portugal, quel qu'en dût être le fuccès; que la victoire nous affureroit une conquête importante; que nous nous confolerions dans la défaite par la penfée d'avoir entrepris une guerre jufte; que le Ciel ne pouvoit point nous abandonner dans une occafion où le Roi travailloit plus pour la Religion que pour étendre fon Empire ; que fi la Flote avoit effuyé des contre-temps, il les regardoit comme l'unique obftacle de la victoire, qu'il s'étonnoit que des hommes accoutumés à fouffrir les revers de la fortune dans leurs expéditions Militaires qui fe terminoient toujours par des fuccès heureux, auguraffent mal de celle-ci fur quelques tempêtes paffagères qui n'avoient ni affoibli, ni diminué les forces de l'armement ; & ici élevant la voix & les yeux, d'un air qui annonçoit l'émotion de fon ame, il ajouta; que ce foit par un fiége ou par un affaut, il faut déloger cette infâme Nation qui déshonore Dieu par fon culte, & qui couvriroit de honte les Portugais, fi leur nombre nous faifoit trembler. Donnons cette fatisfaction & ce fujet de jaloufie aux Nations étrangères qui ont les yeux ouverts fur un armement où elles voyoient un grand Roi mener au combat la fleur de la Nobleffe & des braves de fon Royaume. Elles attendent l'événement pour nous combler d'éloges, ou pour éclater en murmures. Et quand même il y auroit parmi nous des cœurs infenfibles à la gloire, qu'ils foient au moins réveillés par un motif d'intérêt; qu'ils penfent que fi nous nous retirons fans avoir rien fait, les Maures devenus infolens par une victoire qui ne leur aura rien coûté, viendront infefter nos mers & nous défier dans notre propre Pays, pour avoir craint de defcendre dans le leur, après des préparatifs fi longs, fi confidérables, fi nouveaux dans ces mers, comme s'il s'étoit moins agi de la prife de Ceuta que de la conquête du monde.

On fait la defcente.

Ainfi parla l'Infant avec l'applaudiffement du petit nombre des perfonnes attachées à fon parti. Le Roi ne répondit point à tant d'avis différens, mais il fe décida pour celui de fon fils, ordonna que la Flote mit auffi-tôt à la voile, & allât jetter l'ancre à la fortie de la baie, dans un endroit qu'on appelle la pointe du Bélier. Ce fut là que le Roi defcendit à terre ; & pour ne point laiffer fans réponfe les Confeillers qu'il venoit d'entendre, il les manda de nouveau, & leur dit: J'ai écouté vos raisons, je les ai pesées, & je suis décidé à marcher vers Ceuta. Il accompagna ce peu de paroles d'un air majestueux & sévère qui inspira la crainte, & les fit recevoir sans opposition. Le Roi passa sur le champ à un autre objet, & leur ordonna de délibérer sur le lieu du débarquement, disant qu'il désiroit qu'il se fît du côté d'Almine, parce que cette Isle étoit presque unie à la Ville, n'en étant séparée que par une langue de terre. Cet avis essuya beaucoup de contradictions, soit que réellement on le crût peu avantageux, ou qu'on eût été offensé de la réponse du Roi. On disoit qu'en débarquant à Almine, on se mettoit pour ainsi dire dans l'impuissance de se servir des troupes de terre, & on embarrassoit les forces de mer qui nous donnoient l'avantage sur les Maures & la facilité de nous procurer des secours. Qu'il valoit bien mieux gêner l'ennemi du côté de la terre en se fortifiant dans un endroit où ils ne puſſent point venir nous attaquer, quand nous jugerions à propos de battre la Place.

Le Roi ne goûta point cet avis, & aima mieux attaquer la Ville par un ſeul côté, avant que les Maures y fuſſent entrés en foule, que de diviſer ſes forces & ſon attention en ſe portant ſur deux endroits différens. Il ſe reſſouvint alors de la demande que l'Infant Dom Henri lui avoit faite de lui permettre de deſcendre le premier à terre pour en venir aux mains avec l'ennemi, & il lui dit que le temps étoit venu de déférer à ſes déſirs; que c'étoit à lui à s'élancer le premier ſur le terrein des Maures, & à s'y diſtinguer par des actions dignes de ſon courage; qu'il le lui permettoit non-ſeulement comme à un compagnon d'armes, mais encore comme au Capitaine-Général de l'expédition; que la confiance qu'il avoit dans ſon courage & dans ſes talens, le lui faiſoit préférer malgré ſa jeuneſſe aux Officiers les plus expérimentés de l'armée. Qu'il n'avoit donc qu'aller jetter l'ancre du côté d'Almine avec un certain nombre de Vaisseaux qu'il prendroit dans le Port, tandis qu'il se rendroit lui-même vers le côté opposé au Château, avec le gros de la Flotte ; que cet artifice tromperoit les Maures qui se persuaderoient qu'on voudroit faire le débarquement à l'endroit où ils verroient des forces plus considérables, & qui ne songeroient point à défendre le côté d'Almine, ou n'y envoieroient que peu de troupes ; qu'au moment où il lui feroit un certain signal dont ils convinrent entr'eux, il n'avoit qu'à sauter à terre avec ses soldats & s'emparer de la Place où toute la Flote iroit le joindre au même instant.

Après ce discours si flateur du Roi, l'Infant ne trouva plus de difficultés dans la conquête de Ceuta. Il remercia son père, qui, pour enflammer son courage, se reposoit sur lui des premiers hasards de l'entreprise & des préludes de la victoire. Pour exécuter ses ordres, il fit lever l'ancre en même temps ; & comme le bruit couroit parmi les soldats qu'on s'en retournoit en Portugal, ils travaillèrent tous avec ardeur dans l'impatience où ils étoient de revoir leur pays & leur famille. Mais leur illusion s'évanouit bientôt, & les proues se dirigèrent vers Ceuta. Dans ce moment même, des gens mal-intentionnés qui n'avoient pas d'autre envie que d'inspirer leur mécontentement aux soldats, eurent l'audace de dire à l'Infant, que si le Roi, pour couvrir le chagrin de sa retraite, vouloit faire semblant de prendre Ceuta, c'étoit un projet qui refroidiroit leur obéissance, n'étant pas juste, ajoutoient-ils, de sacrifier leur vie à la vanité d'autrui.

On sent combien de pareils discours, & d'autres encore plus violens tendoient à affoiblir l'obéissance aveugle que demande la discipline militaire. L'Infant les entendit sans laisser paroître sur son visage cette altération qu'on auroit aisément pardonné à la vivacité de son âge, à la hauteur de son rang, & à des plaintes si peu mesurées. Grand exemple de l'empire qu'il savoit prendre sur ses passions, & qu'on doit regarder comme un prodige rare dans la vie des Héros! Mais comme il étoit nécessaire d'apprendre à ces mutins la dernière résolution du Roi qu'ils ignoroient, il les instruisit de tout. Ensuite prenant un air sévère, il leur dit d'un ton ferme, qu'il marcheroit le lendemain vers Ceuta; qu'ils pouvoient s'en retourner à Lisbonne; qu'il leur donnoit parole que son père ne les retiendroit pas, dès qu'il sauroit qu'ils étoient avares de leur vie dans une expédition où il exposoit la sienne & celle de ses enfants. Qu'ils n'avoient qu'à se retirer s'ils vouloient, qu'il trouveroit dans sa Maison assez de gens de cœur qui le mettroient en état de se passer de leurs secours.

Une réprimande si vive fut comme un poignard que le Prince enfonça dans le cœur de ces mécontens. Pénétrés de repentir, ils cherchoient à appaiser son indignation. Ils se reprochoient d'avoir encouru la disgrace d'un Prince dont ils étoient

Ils se repentent & se justifient.

aimés; ils n'oſoient lui parler, mais la honte peinte ſur leur viſage étoit plus éloquente que tous les diſcours. Enfin il s'en trouva un parmi eux plus réſolu que les autres qui repréſenta au nom de tous, avec un air humble & ſincère, que la répugnance qu'ils avoient témoignée n'étoit point chez eux l'effet d'une vile crainte, ni d'un eſprit de révolte contre la diſcipline; qu'elle leur avoit été inſpirée par le déſir de conſerver des jours auſſi précieux que ceux du Roi & des Princes ſes enfants qu'ils aimoient avec une fidélité Portugaiſe; que ſi leur zèle avoit été indiſcret, ils vouloient laver leur faute dans le ſang des ennemis, & les aller chercher juſques dans leurs maiſons, & qu'au retour, ils eſpéroient mériter le pardon de leur Prince, & ajouter, s'il étoit poſſible, à la gloire de ſon nom.

La ſévérité de l'Infant redoubloit avec leurs ſoumiſſions, leur proteſtant qu'il ne changeroit rien à ce qu'il avoit déja dit. Les ſoldats confus & conſternés ne perdirent point de temps ce jour-là pour chercher les moyens d'appaifer le Prince, mais voyant que leurs tentatives étoient inutiles, ils fe jetterent tous à la fois dans une Chaloupe de débarquement & avec tant d'impétuofité que l'eau y entra, mais fans danger pour eux. Édouard Pereira, le feul nom qui nous refte de ces braves gens, faifit une occafion qui fe préfenta pour forcer la générofité de l'Infant à lui pardonner. Il fut que ce Prince avoit laiffé tomber un plan dans la mer en un endroit où il y avoit de l'eau plus qu'à hauteur d'homme. Il fe précipite au milieu des flots, trouve le plan, le remet au Prince, & fes camarades conjecturent de-là qu'il fera des actions bien plus hardies dans les hafards de la guerre.

Les Maures ayant apperçu notre Flote qui avoit jetté l'ancre devant leurs murailles, firent des illuminations pendant la nuit pour montrer la joie avec laquelle ils nous voyoient arriver; on y répondit de la Flote par des fanaux, & le tout enfemble formoit un fpectacle qui donnoit

Ce que firent les Maures à la vue de la Flote.

l'idée d'une réjouissance anticipée de la victoire. La nuit se passa à tout préparer pour le débarquement qui devoit se faire le lendemain vingt-un d'Août. Quand le jour parut, les Maures s'apperçurent de nos mouvements, & déja ils nous bravoient par leurs cris tumultueux.

<small>Craintes de Zala-Benzala.</small> Cependant le cœur de Zala-Benzala étoit agité de mille inquiétudes ; il voyoit la Flote en présence, & reconnoissoit l'erreur où il étoit tombé en renvoyant les troupes auxiliaires : il soupiroit après leur retour, mais c'étoit en vain. Dans ses perplexités, il comparoit ses forces avec celles de l'ennemi, & encore plus la valeur & la discipline de ses troupes avec celles d'une Nation qui ne possédoit aucune Province qu'elle ne l'eût conquise sur ses anciens Rois. D'un autre côté, il pensoit aux présages qui couroient parmi le Peuple, & qui tous lui annonçoient quelque chose de funeste ; il craignoit que la destinée n'eût réservé pour la fin de ses jours & la honte de son Gouvernement, la perte d'une Place qui
étoit

étoit le plus riche tréfor de l'Afrique. Toutefois pour couvrir d'une valeur apparente la crainte qui lui glaçoit le cœur, il affembla les principaux Officiers de la place, & leur parla à-peu-près en ces termes:

Amis! le Ciel fatisfait enfin nos defirs. Dégoûtés de l'oifiveté qu'engendre la paix, nous foupirions après l'occafion d'acquérir de l'honneur & de ranimer notre valeur engourdie. Eh bien! voilà devant vous un ennemi qui, enorgueilli des faveurs de la fortune, a l'audace de venir nous attaquer dans nos maifons, comme fi ce n'étoit pas affez pour lui des Royaumes qu'il a ufurpés: pour moi je crois que leurs ancêtres, ces ennemis irréconciliables de notre Nation, leur ont légué un droit fur tous les pays que les Maures peuvent habiter, & que leurs neveux, auffi ambitieux que crédules, viennent aujourd'hui nous fommer de leur rendre leur héritage. Mais tant qu'il me reftera une goutte de fang dans les veines, & que j'aurai des Soldats tels que vous, j'empêcherai bien que ces ufurpateurs fuperbes

Difcours du Gouverneur à fes principaux Officiers.

C

ne réalisent leurs prétentions ; je pense même que je n'ai renvoyé le secours de Fez, que pour ne point partager avec tant de bras l'honneur dont vous allez vous couvrir en défendant ces murailles : & certes nous avons plus de forces qu'il ne nous en faut, puisque nous avons pour nous la justice, & vous verrez bientôt comment le Ciel, ce Juge équitable des actions humaines, nous dédommagera de l'insulte que nous souffrons, en nous livrant toute cette flote pour renforcer notre marine. Courage donc, Soldats : rendez-vous à vos postes & souvenez-vous que chaque pierre de cette forteresse va devenir, aux yeux des Navigateurs, un monument de votre gloire. Regardez ces Mosquées qui invoquent votre piété contre les profanations qui les menacent : jettez les yeux sur vos femmes & vos enfans qui réclament votre tendresse, & rappellez-vous ce qu'il vous en a coûté de peines & de sueurs pour acquérir les richesses dont on veut vous dépouiller. Voilà à quoi vous devez penser, & non aux songes vains de ces prétendus Prophetes qui se croyant inspirés du Ciel, avilissent vos courages, & vous persuadent que la perte de cette Cité est résolue : insensés! qui ne voient pas qu'avec elle notre Prophete perdroit son ancien culte, & qu'il y va de sa gloire de ne point souffrir un pareil affront.

C'est ainsi que le barbare dissimuloit sa juste frayeur, profitant du peu de tems qu'il avoit pour mettre la place en état de défense. Cependant le Roi Dom Juan, quoiqu'il se fût grièvement blessé à une jambe en sautant de sa galere dans une chaloupe, continuoit de donner ses ordres, afin que les bateaux fussent prêts à aborder, du moment que l'Infant Dom Henri se seroit rendu maître de la plage.

Tout étant disposé pour partir, l'Infant ordonne à son premier Chapelain, Martin Paës, d'absoudre l'armée dans la forme prescrite par la Bulle de la Croisade, & d'animer les soldats à une si sainte entreprise en présence du Dieu des victoires, dont les mysteres étoient exposés publique-

C ij

ment sur sa galere. Sa piété n'étant pas encore satisfaite : (car il n'eût point d'égal dans cette vertu), il voulut que le même Martin Paës & ses autres Chapelains récitassent des Pseaumes devant le Saint Sacrement, pendant tout le temps que dureroit l'attaque de la place. Tout le monde fut édifié de la piété de ces bons Prêtres qui, malgré les coups de canon qu'on tiroit de la forteresse sur la galere, ne quitterent point le pied de l'Autel, où ils étoient prosternés pour hâter le moment de la victoire.

L'Infant harangue les troupes. Après que tous les soldats se furent munis du Pain des forts, on dit que l'Infant, plein d'un nouveau courage qui lui étoit inspiré par la Réligion, les exhorta en ces termes : Soldats ! nous commençons notre glorieuse entreprise ; & vous tenez sans doute à honneur de combattre les premiers. Combien, dans ce moment-ci, vous envient votre bonheur, combien vont vous envier votre gloire après la conquête ! Assurément vous n'avez jamais pris les armes pour une cause si belle ; vos exploits passés ont été pour la patrie, ceux-ci feront pour la religion. C'eſt Dieu qui va triompher ; vous n'êtes que les inſtruments qu'il a choiſis pour la victoire. Montrez-vous dignes de ce choix en vengeant les outrages du nom chrétien par la conquête d'une Ville qui eſt un théatre de blaſphêmes. Voilà les engagements que vous avez contractés en naiſſant Chrétiens, & plus encore en naiſſant Portugais. Pour moi, dont les obligations paſſent les vôtres, je puis vous aſſurer que je n'expoſerai point votre ſang, tant qu'il m'en reſtera dans les veines. Heureux aux yeux du Ciel & du monde celui qui arborera le premier ſur ces murailles les drapeaux de ſon Roi, ou ſcellera par ſon ſang l'amour dont il brûle pour ſon Dieu ! toujours la patrie & la religion lui aſſigneront la premiere place parmi les vainqueurs. Marchons.

Dans le temps que Dom Henri haranguoit les troupes, Jean Fogace, Intendant de la Maiſon de Dom Alphonſe, ne ſachant point ce qui arrêtoit l'Infant, & impatient de se signaler, fit avancer sa chaloupe vers la Plage, & le premier qui sauta à terre fut Ruy-Gonçalves, Seigneur dont toute l'armée parloit avec les plus grands éloges. A peine étoit-il descendu avec quelques soldats, qu'ils en vinrent aux mains avec les Maures qui étoient accourus en grand nombre pour empêcher le débarquement. Les attaquer & les déloger de la Plage, fut l'affaire d'un instant, & tout le monde put débarquer sans danger. La planche sur laquelle Dom Henri devoit passer étant un peu éloignée du rivage, le Prince ne se sentant point d'impatience de se mêler avec ses braves soldats, passa dans un bateau qui étoit tout près, accompagné de son premier Porte-Étendard, Mem-Rodrigues-de-Refoyos & Estevan-Soares-de-Mello. Il ordonna aux trompêtes de sonner, c'étoit le signal du débarquement; ils sautèrent tous sur la Plage avec la même joie que s'ils avoient couru à un triomphe.

Les Maures qui étoient revenus

sur la Plage en plus grand nombre, engagèrent une action où ils se battirent avec la fureur d'un ennemi qui défend son propre terrain. Un sur-tout se distinguoit des autres par sa valeur & la hauteur de sa taille, ce qui lui donnoit tant de considération parmi les siens, qu'ils le regardoient comme leur soutien & leur vengeur ; mais Ruy-Gonçalves l'ayant attaqué, le perça de sa lance, & le barbare tomba noyé dans son sang. Déja nous avions débarqué plus de 150 soldats, & l'Infant Dom Édouard accompagné de Martin-Alphonse-de-Mello, de Vasco-Annes-Corte-Réal & de plusieurs autres, venoit seconder son frère dont les armes étoient déja reintes du sang des Maures. Ce nouveau secours rendit ce combat plus furieux. Les Maures voyant que l'Infant Dom Henri faisoit tous ses efforts pour arriver à la porte d'Almine, redoublèrent d'ardeur pour lui en disputer l'entrée. Mais comme la valeur ne consiste point dans le nombre, ils furent repoussés ; on força la porte, & Vasco-Annes-Corte-Réal y entra le premier en se faisant jour à grands coups d'épée ; ce fut pour lui une gloire que les plus braves lui envièrent, & qui sera toujours célébrée, tant qu'il y aura des Juges de la véritable valeur. Ce qui ajoute encore au mérite de ce digne Chevalier, c'est qu'il fut suivi immédiatement de l'Infant Edouard, circonstance qui vaut seule un grand éloge.

Chacun s'empressa de les imiter, & comme ils étoient déja au nombre de trois cents, ils chargèrent l'ennemi avec tant de feu qu'ils le poussèrent jusqu'aux portes de la Ville, sans qu'il pût résister à des forces qui lui paroissoient au-dessus de l'humanité. Dans une position si avantageuse, l'Infant se forma en ordre de bataille pour attendre son père qui présidoit au débarquement de l'armée. Mais réfléchissant d'après l'avis de son frère Edouard que la fortune ne pouvoit pas leur être plus favorable, & qu'il falloit profiter de la terreur de l'ennemi pour hâter la victoire, il résolut de les poursuivre, espèrant entrer avec eux dans la Place. Ce qui l'affermissoit dans son idée, c'est que ceux qui devoient lui en interdire l'entrée, quoi qu'en plus grand nombre, étoient les mêmes qui avoient si mal défendu la porte d'Almine.

L'Infant lisoit sur le visage de ses soldats qu'ils approuvoient son dessein; aussi il ne tarda point de charger l'ennemi avec encore plus d'impétuosité: on fit des prodiges de valeur, & l'histoire ne donne point la seconde place à ceux de l'Infant Dom Henri. Il combattoit, donnoit des ordres, s'ouvroit un chemin au travers des ennemis, les poursuivoit jusqu'aux murailles de la Ville où ils étoient rentrés, & d'où ils se battoient en désespérés, craignant de perdre en même-temps leur honneur & leurs biens. Le plus redoutable de ces barbares étoit un Maure d'une taille énorme & d'un air affreux; car outre qu'il étoit noir, son corps étoit tout couvert de poil comme celui d'une bête féroce née

C v

dans les déserts de ces contrées. Ses armes étoient des pierres qu'il lançoit avec autant de roideur que d'adresse. Ces traits d'un nouveau genre pleuvoient sur nos soldats. Comme ce barbare étoit non-seulement très-adroit, mais se tenoit à une certaine distance pour pouvoir faire usage de ses armes, il étoit à l'abri de nos coups, & nous accabloit des siens. Celui qu'il lança à un soldat appellé Vasco-Martin-d'Albergaria fut si violent qu'il en eut la visière de son casque emportée, & reçut une grande contusion au visage. Mais ce fut le dernier exploit du Maure. Le brave Portugais courut à lui comme il se préparoit à lui porter un second coup mieux ajusté que le premier, & lui passa sa lance au travers du corps. Le Maure écumant de rage & songeant encore à se venger, mourut tenant la pierre à la main.

Cette mort répandit une telle épouvante parmi les Maures, qu'ils se réfugièrent dans la Ville tout en désordre, comme si leur courage eût expiré avec le Nègre qu'ils venoient de perdre. L'Infant se hâta de profiter de ce moment heureux, & entra dans la Place avec plusieurs des siens, écartant à coups d'épée cent des Maures qui osoient faire face pour lui résister. Vasco-Martin que nous venons de citer avec éloge, peu content de la vengeance qu'il avoit tirée du Negre, fondit sur l'ennemi, & ne voulut point être le second à entrer par la premiere porte de la Ville. Il obtint cet honneur en renversant tout ce qui s'opposoit à son passage. L'envie chercha bientôt à obscurcir la gloire de cette action, & il se présenta même des concurrens pour la lui disputer ; mais la vertu triompha de l'envie, & ce brave soldat jouit en paix de sa renommée dans les Annales de notre Nation.

On étoit maître d'une des portes, & le nombre de nos soldats se montoit déja à cinq cents, tous de la fleur de la Noblesse, & plusieurs attachés au service des Princes. Ils arborèrent dans la Ville l'étendard de leur Général l'Infant Dom Henri au milieu de tant d'éloges donnés à son habileté

On arbore dans la Ville l'Etendard de Dom Henri.

& à sa valeur, qu'il n'y avoit qu'une ame aussi grande que la sienne qui pût se défendre d'un sentiment de vanité. Cependant Zala-Benzala ne savoit point ce qui se passoit, quoiqu'il eût aposté du monde en différents endroits pour venir l'instruire de tout. Mais la rapidité de nos succès ne leur en donna pas le temps. Ajoutons que ce Chef des Maures voyoit du haut du Château où il étoit, que le corps d'armée ne faisoit aucun mouvement, & comme il étoit naturel de penser que l'on tenteroit le débarquement de ce côté-là, il observoit tranquillement l'inaction de l'ennemi, & commençoit à croire qu'il se repentoit de son entreprise. Tout-à-coup il voit lever l'ancre, alors il s'épouvante & roule mille pensées dans son esprit. Il apprend en même-temps par différents avis que nous avons débarqué du côté d'Almine, que nous sommes maîtres des portes, que nos troupes sont entrées dans la Ville & s'y sont avantageusement fortifiées, & cela avec un bonheur si rapide, qu'il n'a fallu

LIVRE PREMIER. 61

pour ainsi dire que débarquer, attaquer & vaincre.

Ces nouvelles furent un coup de foudre pour Zala-Benzala. Il voyoit que ses années & son expérience ne lui avoient servi de rien pour découvrir notre stratagême. Dans cette fâcheuse situation, il résolut cependant de se fortifier dans le Château, & de veiller à la défense de la Ville. Les motifs de l'honneur & de la honte furent employés tour-à-tour pour ranimer le courage des troupes. Mais l'Infant Dom Henri s'occupoit à défendre les portes dont on s'étoit emparé, sentant que le succès de l'expédition en dépendoit, puisqu'on favorisoit par-là l'entrée du secours du Roi, & qu'on empêchoit qu'on ne pût nous tenir assiégés dans la Ville. Il en coûta bien du sang, parce que les Maures redoubloient de courage à la vue du péril. On combattoit des deux côtés en désespérés ; les uns pour ne pas perdre du terrein, les autres pour en gagner, & la victoire fut long-temps douteuse. Enfin nos troupes animées par leurs premiers

Zala-Benzala veut secourir la Ville.

succès, furent se maintenir dans leurs postes ; cependant il arriva un nouveau secours qui pouvoit entrer par la porte dont on étoit maître. Ce ne fut point l'avis de Vasco-Fernand-d'Altaïde qui crut qu'il étoit au-dessous de sa valeur d'entrer dans la Ville avec moins de danger que ses compagnons. Suivi de son oncle Gonçalo-Vasques-Coutinho & de quelques autres en petit nombre, il attaqua une autre porte que les Maures défendirent avec plus de courage, mais non plus heureusement que la première. On s'en empara après un combat assez long où nous perdîmes quelques hommes ; mais ils furent bien vengés, & les Maures n'eurent pas lieu de s'applaudir d'une défense qui avoit fini par une fuite honteuse.

Comme nous étions en assez grand nombre pour défendre les portes & la Ville, l'Infant Dom Henri distribua ses troupes dans différents quartiers pour en chasser les Maures, & leur donna son frère Dom Barcellos & Martin Alphonse-de-Mello pour les commander. Pour lui, suivi de son frère Dom Edouard, il tenta une entreprise plus hardie ; ce fut d'aller s'emparer de quelques hauteurs d'où les Maures auroient pu nous incommoder beaucoup, s'ils s'y étoient fortifiés. Le soleil étoit ardent, la montagne escarpée & le chemin difficile ; tout autre se seroit rebuté en considérant plutôt l'évidence du péril que l'apparence du succès ; mais les deux Infans avec une intrépidité peu commune, après s'être débarrassés d'une partie de leurs armes, commencent à grimper la montagne, ils en surmontent les difficultés, & s'emparent des postes après en avoir chassé les Maures qui s'y défendoient avec courage.

Un nouveau soin occupoit l'Infant Dom Henri, c'étoit de voler au secours de ceux qui combattoient dans la Ville. Il laissa donc à son frère la garde des postes dont on venoit de s'emparer, & se porta d'un autre côté avec une ardeur qui lui cachoit la grandeur du péril. A peine eut-il rejoint les siens, qu'il chargea les

_{Les Maures fuient & abandonnent les rues.}

Barbares avec une impétuofité dont ils fentirent d'abord la différence. C'étoit l'effort de tous nos foldats réuni dans la perfonne du Général qui les animoit par fon exemple, & vouloit partager leur gloire en partageant leurs périls. C'étoit un fpectacle intéreffant de voir nos Portugais attaquer au haut des rues les Maures qui reffembloient aux vagues de la mer, & qui dans leur frayeur fe renverfoient les uns fur les autres. Mais ce qu'il y avoit de plus étonnant, c'eft qu'une multitude invincible par fon nombre cédât à une poignée d'hommes, leur laiffât le paffage libre, & ne cherchât fon falut que dans la fuite.

Réfolution de l'Infant Dom Edouard.

Tandis que l'Infant Dom Henri faifoit un fi grand carnage des barbares, l'Infant Dom Edouard ne lui cédoit point en valeur. Il fut fi bien tirer parti du pofte où nous l'avons laiffé, qu'il fe rendit maître de toutes les hauteurs voifines, & pour montrer combien il étoit prodigue de fa vie, il arriva jufqu'au Cefto, montagne inacceffible qui domine ces hauteurs : les ennemis eux-mêmes regarderent ce trait comme un prodige de résolution & de hardieſſe.

Cependant le Roi qui n'avoit point quitté ſon vaiſſeau, & qui n'avoit contribué à la victoire que par l'heureux ſtratagême qui avoit trompé le Gouverneur, voyant que les Maures couroient du côté d'Almine, jugea qu'il s'y livroit un furieux combat, & ce qui le confirmoit dans cette idée, c'eſt qu'il n'appercevoit aucun des ſoldats qui avoient débarqué avec l'Infant Dom Henri : il ordonna donc à ſon premier Porte-Enſeigne Diogo Ceabra, d'arborer l'étendard royal & de donner le ſignal du débarquement. Cet ordre fut exécuté ſur le champ, parce qu'il arriva en même-temps un ſoldat dépêché par l'Infant Dom Henri ; de ſorte que chacun animé d'une noble émulation vouloit diſputer ce qui reſtoit de la gloire de cette journée, pour avoir auſſi des exploits à raconter dans ſa Patrie.

Le Roi fait arborer l'Etendard royal, & débarque.

L'Infant Dom Pedro laiſſa paroître ſur ſon viſage un ſentiment de joie mêlé de douleur en entendant le récit des exploits de fes freres : il regrettoit de ne s'être point trouvé avec eux. Mais le Roi toujours le même dans tous les événemens, ne fit point connoître qu'il en reffentit du plaifir, il montra plutôt quelque peine que l'Infant Dom Edouard eût accompagné fon frère fans fon ordre ; mais moins févère que cet illuftre Romain, il lui pardonna fa défobéiffance en faveur de fon courage, ne voulant point condamner dans fon fils une faute qui le couvroit de gloire.

Après qu'on eut débarqué, on marcha en bon ordre vers les portes de la Ville. Le Roi fut forcé de s'y arrêter, à ce qu'on dit, à caufe de fon mal de jambe que la fatigue avoit encore augmenté. Il y a apparence que ce ne fut qu'un prétexte & qu'il fe réfervoit pour une entreprife plus digne de lui, qui étoit d'attaquer en perfonne le château dont les Maures étoient encore en poffeffion : il eft même à préfumer que ce fut dans cette idée qu'il ordonna à l'Infant Dom Pedro & à quelques Seigneurs de prendre le nombre de troupes qu'ils croiroient néceſſaires pour voler au ſecours des deux Princes, parce que le bruit couroit, qu'entraînés dans la Ville à la pourſuite des ennemis, leurs bras ſe laſſoient à répandre leur ſang.

D'après cet ordre ils entrerent auſſi-tôt dans la Ville, & comme ils ne ſavoient pas où le combat étoit le plus échauffé, l'Infant, le Connétable Dom Lopo-Dias-de-Souza, Grand-Maître de l'Ordre de Chriſt, & pluſieurs autres prirent chacun de leur côté, eſpérant que le haſard les conduiroit dans quelque endroit où ils pourroient donner des preuves de leur valeur. Ruy-de-Souſa, neveu du Grand-Maître, fut plus heureux qu'il n'eût oſé l'eſpérer, ayant rencontré un corps de Maures bien armés qui faiſoient bonne contenance : il étoit ſeul & il pouvoit ſe retirer ſans honte vers ſes compagnons ; mais l'occaſion étoit trop belle ; ici la gloire étoit pour lui ſeul, perſonne ne pouvoit la lui diſputer : il les attaqua avec tant de vigueur qu'il les pourſuivit le long d'une rue l'épée dans les reins, &

Ils entrent dans la Ville.

comme il se vit investi près d'une des portes par un grand nombre de ces barbares, il ne perdit point courage, mais rappellant toute sa valeur à la vue d'un péril certain, il se défendit long-temps contre tous, jusqu'à ce qu'il fut secouru. Ce brave guerrier fut des derniers à entrer dans la Ville ; mais la gloire qu'il acquit en cette occasion l'égala aux premiers. Cet exploit parut si brillant qu'on donna son nom à la porte où il avoit été investi par les Maures ; double victoire qu'il remportoit sur l'ennemi & sur le temps. Ne soyons point avares d'éloges, quand les actions en méritent. Plusieurs Seigneurs se distinguerent dans cette journée. Nous voudrions faire mention de tous ; mais il faut que leurs descendans se consolent de la négligence de nos anciens auteurs : ils ont laissé dans l'oubli des hommes dignes de ces siècles valeureux. Le temps a effacé leurs noms ; à peine leurs actions héroïques percent-elles à travers les ténebres d'une tradition obscure, ainsi nous ne pouvons honorer leur mémoire que par le sentiment profond de l'ingratitude qui les a oubliés. Toutefois il y en a quelques-uns dont l'histoire nous a conservé les actions. Nous croyons qu'il est de notre devoir de les faire connoître. Donnons la premiere place à Nunno Martin de Silveira, qui ayant débarqué des derniers, se fit tant d'honneur en différentes rencontres où il trempa son épée dans le sang des Maures, que l'Infant Dom Edouard l'arma chevalier de ses propres mains & lui accorda d'autres récompenses, si non plus honorables, du moins plus utiles. Alvaro - Gonçalvès - de - Figueiredo oubliant son âge de 90 ans, & ne prenant conseil que de sa valeur, se revêtit de ses armes, se mêla parmi les jeunes gens, & parut aussi brave & aussi intrépide qu'aucun d'entr'eux. Il ne voulut point de récompense, content de l'honneur d'avoir combattu dans cette journée avec tout le feu de la jeunesse pour le service de son Roi. Gonçalo - Lourenco, Secrétaire du Cabinet, imita son désintéressement; sa valeur lui avoit mérité des récompenses distinguées ; mais il n'en voulut pas d'autre que d'être armé Chevalier par les mains du Roi, ce qu'on estimoit plus alors que les plus riches commanderies. Le Roi lui accorda cet honneur, & ce généreux guerrier emportant avec lui la preuve la plus flateuse de ses services, courut chercher de nouveaux périls au milieu des ennemis. Mais le bruit des armes nous rappelle dans les rues de la Ville pour décrire l'opiniâtre résistance que les Maures opposent maintenant à la rapidité de nos victoires.

Les Barbares se battent en désespérés. Nos troupes alloient toujours gagnant du terrein de porte en porte en passant sur le corps des ennemis dont le désespoir croissoit à proportion du péril, & qui combattoient avec l'acharnement de gens qui ne veulent point être les tristes témoins de la ruine de leur Patrie. Il y en avoit qui se figurant d'avance le massacre de leurs femmes & de leurs enfants, se jettoient au devant des épées sans autres armes qu'une fureur inspirée par l'amour. On croiroit que nous exagérons & nous ne parlons que d'après le témoignage des Auteurs contemporains. D'autres enflammés de vengeance rendoient leur vie avec joie, quand ils avoient eu le bonheur de faire couler le sang Portugais. D'autres enfin se tenant en armes sur la porte de leur maison, paroissoient résolus de s'y défendre jusqu'au dernier soupir. Ainsi chaque dépouille que nous enlevions à ces Barbares, nous étoit long-temps disputée par leur fureur.

La gloire de cette journée ne suffisoit point au cœur de l'Infant. Ses regards se portoient vers le Château qui étoit désormais le terme de ses désirs. Il courut donc de ce côté-là pour achever sa conquête; mais voyant dans le chemin, que les Maures avoient mis en fuite quelque-uns des nôtres qui n'avoient pu soutenir l'effort de leur nombre, il s'élança sur eux avec tant de violence, qu'ils prirent la fuite à leur tour; & les chargeant encore plus vivement, il les poursuit jusqu'à Aduana, qui étoit le quartier marchand de la Ville. Là il sembla

L'Infant Dom Henri veut donner l'assaut au Château.

que la fortune alloit se tourner du côté des ennemis ; ils y étoient accourus en foule pour défendre leurs richesses, ils firent face à nos troupes, & nous forcèrent à une retraite peu honorable. Ce mouvement n'échappa point à l'Infant qui combattoit d'un autre côté ; il revint à la charge, & fit lâcher le pied à l'ennemi après une opiniâtre résistance.

Nous avions peu de soldats dans cet endroit-là ; disons même que quelques-uns s'étoient retirés par lâcheté ; un tel aveu ne fait qu'ajouter à la gloire de notre Héros. L'Infant resté seul avec dix-sept soldats, & furieux de la bassesse des autres, rappella tout son courage, serra les Maures de plus près, les poursuivit jusqu'aux murs du Château, marquant de leur sang tous les pas qu'il gagnoit sur eux. Comme le terrein étoit avantageux aux ennemis, il leur vint du Château même un nombreux secours, & comme il étoit composé de vieilles troupes, il s'engagea un furieux combat où nous vîmes bien que nous avions à faire à des soldats

plus

plus aguerris. Il n'y avoit point, pour ainſi dire, de coup qui ne portât, & ils en déchargèrent un ſur la tête de Fernand Chamorro, Ecuyer de l'Infant, qui le renverſa par terre ſans connoiſſance. On le crut mort ; les ennemis firent tous leurs efforts pour ſe rendre maîtres de ſon corps, ſans doute pour réjouir les yeux de leur Gouverneur par ce ſpectacle. Mais l'Infant les fruſtra de leurs eſpérances ; placé devant le corps, non-ſeulement il le défendit avec courage, mais encore, il obligea enfin les Maures qui revenoient ſouvent à la charge, de fuir vers un village attenant au Château, près de la porte de Fez.

L'Infant entra avec les ennemis, ſe faiſant jour à coups de lance. Il n'avoit plus avec lui que quatre ſoldats. Les autres n'ayant pu réſiſter à la fatigue du combat qu'ils venoient de livrer, l'épuiſement de leurs forces rendoit leur courage inutile. Le péril fut grand dans ce village, il étoit muré & bien pourvu d'armes & de ſoldats. Mais ce qui ſauva l'In-

Péril de l'Infant. Il s'en tire avec quatre ſoldats.

fant, ce furent les ennemis mêmes qu'il avoit à combattre. Comme ils étoient un très-grand nombre contre cinq des nôtres, ils craignirent que chaque coup qu'ils tireroient ne coutât la vie à plusieurs d'entr'eux, par l'impossibilité où ils étoient de viser juste dans une si grande multitude. Ce combat dura deux heures, & il s'en écoula deux autres à se disputer une porte qui donnoit entrée dans le Château. Avouons la vérité ; nous n'avons point d'expression pour peindre la gloire que ce Prince s'acquit dans cette fameuse journée. Mais consolons-nous, par la pensée qu'un Ecrivain plus habile se trouveroit dans le même embarras.

Le bruit court que l'Infant est mort. Ce bruit parvient jusqu'au Roi.

Comme il y avoit quatre heures qu'on n'avoit point vu paroître l'Infant, le bruit se répandit qu'il étoit mort. Cette nouvelle funeste passa de bouche en bouche, & parvint jusqu'aux oreilles du Roi. Ce fut pour la premiere fois qu'on vit la douleur se peindre sur le visage toujours inaltérable de ce Prince. La ressemblance de caractère lui rendoit ce fils extrêmement cher. Il étoit porté à croire la nouvelle, par la connoissance qu'il avoit de son courage & des périls auxquels il s'étoit exposé. Combattu de divers sentimens, & ne sachant à quoi s'en tenir, il voulut s'assurer de la vérité; mais comme le lieu de l'action étoit éloigné & bien défendu, mille obstacles s'opposoient à ses désirs. Vasco-Fernand d'Ataïde se fit fort de les surmonter tous, & à la vûe d'un grand nombre de Portugais qui se contentoient de plaindre le Prince, il courut vers les portes du village où on disoit qu'il avoit été tué. Un Soldat si déterminé méritoit bien que la fortune lui fût favorable. Mais à peine fut-il entré dans le village, qu'il périt d'un coup de pierre qu'on lui lança du haut des murailles, & sa mort servit de preuve aux dangers que couroit l'Infant. Nous avons déja parlé de ce guerrier avec éloge; nous célébrons maintenant sa mort, qui couronna tant d'exploits.

Le Roi apprit ce malheur, & sa reconnoissance lui fit encore plus regretter un si brave homme. Il avoit alors auprès de lui Garcias-Moniz, attaché au service de l'Infant; cet Officier par tendresse pour le Prince, s'exposa au même péril. Mais égal à d'Ataïde en courage, il le surpassa en bonheur, se tira de mille embarras, arriva au lieu où étoit l'Infant, le trouva qui combattoit au milieu d'une foule de Barbares, lui reprocha son imprudence avec une liberté que lui donnoit son âge & sa tendresse; le pria enfin de se retirer, pour ne pas compromettre sa gloire par une conduite si téméraire. L'Infant se laissa persuader par son ancien serviteur; mais sa valeur ne se ralentit point dans sa retraite; il trouva sur son chemin d'autres Maures contre lesquels il signala son courage, & reparut au milieu des siens avec un nouvel accroissement d'honneur.

On apprit enfin l'heureuse nouvelle, que la providence avoit sauvé de tant de périls une vie si précieuse. La joie de l'armée fut extrême, surtout celle du Roi, dont la tendresse venoit de recevoir une si furieuse secousse. Les Infants envoyèrent féliciter leur frère sur le chemin, lui donnant avis qu'ils étoient dans la grande Mosquée des Maures, & qu'ils avoient besoin de son secours dans cette nouvelle entreprise. Dans le même-temps, l'Infant reçut un autre avis que ses troupes & celles de Dom Pedro étoient en marche pour se rendre maîtres d'une autre porte du village, qui étoit défendue par un corps très-nombreux des meilleures troupes de l'ennemi.

Aussi-tôt l'Infant courut au lieu du combat avec la même ardeur & la même résolution, que s'il n'eût encore rien fait dans cette journée. Il fut reçu avec transport, lui seul valoit un nombreux secours, & l'on savoit par expérience, que la bénédiction du Ciel étoit attachée à ses armes. Au fort de l'action, l'Infant Edouard insistoit pour qu'on se rendît à la Mosquée ; mais l'Infant Dom Henri représentoit qu'il ne falloit point laisser échapper l'occasion de s'emparer du Château. Cependant il céda aux instances de son frère, non sans laisser des marques d'une valeur jusques-là triomphante. Nous ne croyons point exagérer, en disant que sa retraite eut le mérite d'une victoire aux yeux des gens du métier qui savent apprécier le courage; & il fit voir aux ennemis combien sa retraite même leur étoit funeste. Ce qui adoucit un peu son chagrin de n'avoir point triomphé dans ce combat, ce fut la rencontre qu'il fit de son Ecuyer Fernand Chamorro, dont nous avons déja parlé. Il le trouva non-seulement vivant, mais debout, quoique blessé au visage. Il eut une joie extrême de cette espèce de résurrection, & il n'en fut que plus sensible au plaisir de l'avoir si bien défendu contre les Maures, qui s'étoient flattés d'en faire leur prisonnier.

Le Roi arme ses fils Chevaliers.

L'Infant fut reçu de ses frères avec ces transports, que leurs alarmes passées rendoient si naturels. La conversation tomba d'abord sur l'objet important de la prise du Château; c'étoit ainsi qu'ils se délassoient des travaux de cette journée. A peine l'Infant avoit-il quitté ses armes, que le Roi lui envoya dire de le venir trouver dans une autre Mosquée où il étoit. Il obéit, & le Roi au milieu des démonstrations de joie de l'armée, de l'air d'un Prince victorieux, combla un fils de vingt ans, d'éloges qu'il ne donnoit ordinairement qu'aux guerriers d'un mérite consommé : en quoi il crut moins écouter sa tendresse que sa justice. Des paroles, il passa aux effets, & voulut sur le champ l'armer Chevalier, honneur qui dans ce temps là étoit une espèce de canonisation de la valeur. L'Infant le remercia de cette grace & lui en demanda une autre, ce fut de vouloir bien ne point lui accorder cette distinction, avant d'avoir fait la même faveur à ses frères. Le Roi ne s'attendoit pas à un trait de politique comme celui-là, de la part d'un jeune homme si avide de gloire. Il en fut ravi, & lui donna de nouveaux éloges, qui furent la récompense de sa modestie, comme les autres l'avoient été de sa valeur.

Cependant Zala-Benzala s'épouventoit des succès rapides de ses en- *Perplexités de Zala-Benzala.*

nemis. Les heures s'écouloient pour lui dans un étonnement stupide, à la vue de ses disgraces; à chaque instant il recevoit de nouveaux avis, qui étoient autant de coups de poignard. Il se voyoit dans une ville remplie d'un peuple innombrable, & fortifiée de reste pour soutenir un siége; il ouvroit ses trésors pour enflamer les uns par les récompenses; il parloit aux autres pour réveiller en eux les aiguillons de la gloire, mais à chaque combat qu'il livroit, il étoit toujours vaincu. Il pensa qu'il avoit affaire à des hommes d'une espèce supérieure, ou que la force de leurs bras venoit de plus haut. Ce qui acheva de le lui persuader, ce fut d'apprendre que la ville étoit prise. Aussi-tôt il songe à sauver sa vie & ses richesses, qu'il fait transporter avec ses femmes & ses enfans dans un pays éloigné, & part lui-même sur un excellent cheval. Toutes les troupes de la garnison suivent son exemple, appellant prudence, la lâcheté de leur Gouverneur, qui leur conservoit la vie.

Comme le Roi ignoroit un événement qui mettoit fin à la conquête, il ordonna d'abord à l'Infant Dom Henri, de placer cette nuit-là des Corps-de-Garde dans la Ville, & le consulta aussi sur les moyens de prendre le Château. Après en avoir beaucoup conféré entr'eux, le Roi s'arrêta à l'avis du Prince, qui fut d'envoyer chercher Jean-Vasqués de Almada, Soldat d'une grande valeur, & à qui on pouvoit confier les entreprises les plus hasardeuses. Il lui dit d'aller s'informer au Château, s'il ne s'y passoit rien de nouveau, & que s'il étoit possible, il arborât à quelque prix que ce fût, sur la plus haute tour, la bannière qu'il lui donnoit. C'étoit celle de Lisbonne, où étoit peinte l'image de Saint Vincent, ancien Protecteur de cette Capitale. Almada ayant pris le monde nécessaire pour ce coup de main, fut reconnoître le Château ; en ayant trouvé les portes fermées, il ordonna avec intrépidité qu'on les rompît ; mais deux hommes, l'un Basque, l'autre Génois, étant accourus au bruit des coups, lui crièrent du haut

D v

de la muraille, qu'il ne prît point tant de peine, qu'ils alloient lui ouvrir les portes, qu'ils étoient restés seuls dans le Château, & qu'ils s'y étoient tenus cachés lorsque les Maures l'avoient abandonné. Jean-Vasqués entra avec précaution, de peur d'une embuscade ; mais il trouva que tout étoit comme on le lui avoit dit.

Il arbora aussi-tôt la bannière pour avertir le Roi. Les Infants Dom Edouard & Dom Pedro en ayant été instruits à leur tour, furent au Château, suivis du Comte de Barcellos, leur frère, & d'un grand nombre de Seigneurs, dont plusieurs avoient envie de s'y arrêter. Le Roi n'y voulut point consentir, & leur fit dire par l'Infant Dom Henri, qui étoit resté auprès de lui, de se retirer, & de laisser le pillage à Jean-Vasqués & à ses soldats. Ils en emportèrent beaucoup de richesses, parce que les Maures se fiant à l'avantage de la situation, y avoient mis en dépôt leurs effets les plus précieux. Ces soldats passant tout-à-coup d'une grande misère à une grande fortune, se crurent victorieux, parce qu'ils étoient devenus riches, la bassesse de leur état ne leur laissant point entrevoir d'autre gloire que l'intérêt.

L'Infant Dom Edouard ordonna aussi à son premier Porte-Enseigne, d'aller arborer une autre bannière sur la tour de Fez qui étoit hors du Château. Les Maures n'avoient pas encore entièrement abandonné ce poste, ils s'y étoient même fortifiés, & ils en disputèrent vigoureusement l'entrée, dans le désespoir où ils étoient des pertes qu'ils avoient déja faites. Il y eut beaucoup de sang répandu de part & d'autre. Un Porte-Enseigne de Dom Henri de Noronha, fût percé d'un coup de lance, & sa mort redoubla chez les Maures, l'ardeur de se signaler par de pareils coups. Mais il leur étoit impossible avec les forces qui leur restoient, de vaincre des soldats d'un courage si élevé, qu'ils méprisoient, pour ainsi dire, leurs succès précédens, pour ambitionner des exploits plus proportionnés à leur valeur. On planta enfin la bannière sur la Tour, & on

Résistance des Maures à la tour de Fez, où l'Infant Dom Edouard vouloit arborer une autre bannière.

D vj

la défendit toute la nuit contre les efforts de l'ennemi. Là se distinguèrent plusieurs Seigneurs d'un sang illustre, & plus illustres encore par leur réputation. Pour faire leur éloge, il suffira de les nommer, Dom Henri de Noronha, Dom Jean de Noronha, son frère ; Pedro-Vaz de Almada, Alvaro-Mendes Cerveira, Mendo Alfonse, son frère; Alvaro-Nogueira, Nuno-Martin de Silveira, Vasco-Martin de Carvalhal, Gonçalo-Vaz de Castello-Franco, Gonçalo-Nunus Barreto, Gil Vasqués, Jean d'Ataïde, Alvaro de Cunha, Nuno-Vaz de Castello-Branco, avec ses cinq frères, Diogo-Fernandès d'Almada, & plusieurs autres, dont la négligence de ce temps-là nous a dérobé les noms, de même que celui d'un Baron Allemand, qui vint avec plusieurs Gentilshommes de sa nation partager la gloire de cette conquête ; Guerrier illustre, dont les exploits auroient suffi à la gloire de plusieurs grands Capitaines.

Les Maures abandonnent entièrement la Place.

On passa ensuite au pillage d'une Ville, que ses riches habitans ne pouvoient consentir à abandonner. Mais y étant contraints par une force contre laquelle toute résistance étoit inutile, ils s'éloignèrent enfin avec des soupirs qui exprimoient bien leurs regrets d'une Terre malheureuse où ils laissoient leurs trésors en proie aux mains qui leur avoient déja ravi leur gloire. Les Ecrivains du temps, font honneur de ce dernier triomphe à Dom Fernand de Castro, & à son frère Dom Jouan; ils disent que ce furent eux qui firent sortir de la Ville, par la porte d'Alvaro-Mendès, un grand nombre de Maures, que la fuite de leurs compagnons n'avoit pas encore détrompés.

Après qu'on eut purgé la Ville de ces barbares, on la livra au pillage. Il fut si considérable par les richesses qu'on y trouva, qu'il sembloit que dans une seule Ville on faisoit le pillage de l'univers. On croiroit que les Historiens du temps nous en imposent, si on ne savoit pas que Ceuta étoit alors une ville très-commerçante. Les vainqueurs firent sans doute beaucoup de butin, mais ils

La Ville est livrée au pillage.

en détruifirent encore davantage. Soit fureur, foit prévention que la Ville ne pourroit point être maintenue dans l'obéiffance du Roi, ne voulant rien laiffer à l'ennemi, ils femoient dans les rues les épiceries & les drogues les plus précieufes, coupoient en morceaux les riches étoffes, répandoient les liqueurs les plus rares, comme s'ils n'avoient point été foldats & pauvres ; mais quand le fang-froid leur fut revenu, & qu'ils virent qu'on s'étoit décidé à conferver la Place, ils regardoient en pleurant les triftes marques de leur fureur. Cependant, comme il y avoit dans Ceuta des tréfors immenfes, fi l'avarice ne fut point affouvie, la pauvreté trouva de quoi fe rétablir. Beaucoup de Maures qui n'avoient pu s'enfuir avec les autres, à caufe de leur âge ou de la foibleffe de leur fexe, fe confolèrent de leur fervitude par le plaifir de refter dans une Ville qu'ils aimoient.

Le Roi Dom Jouan, vainqueur de Ceuta en un feul jour, comme Scipion l'avoit été de Carthage, reçut les félicitations de la Noblesse, qui en fut accueillie avec les plus grands éloges. Ce qui faisoit la pompe de cette entrevue, c'étoit les armes de ces Guerriers, encore teintes du sang Africain. La joie de leur triomphe étoit peinte sur leurs visages, & ajoutoit au contentement du Roi. Comme ils servoient un Prince, juste appréciateur des services, ils en furent loués, non avec cette réserve ordinaire aux Souverains, mais avec des expressions honorables & qu'il ne se lassoit point de répéter, avouant qu'il ne devoit sa conquête qu'à leur valeur. Eux de leur côté l'assuroient qu'il avoit été le premier mobile de la victoire, & là ils s'étendirent sur le profond secret de l'expédition, sur sa constance inébranlable au milieu des contre-temps de la fortune & des hommes; pour flatter davantage son amour-propre, ils célébroient les vertus du père dans les belles actions du fils, sans avoir à craindre de passer pour flatteurs.

Le lecteur espère avec raison, que nous l'informerons au juste du nombre des morts & des esclaves. Nous ne le pouvons pas, & c'est la faute de nos anciens Historiens. Ils se contentent de nous dire qu'on en répartit dans les Vaisseaux un nombre innombrable, & que les morts fermoient le passage des rues & couvroient les Places publiques. Ceux qui ont voulu nous apprendre quelque chose de plus positif, font monter le nombre des morts à deux mille, d'autres à dix mille. Une différence si considérable, prouve tout au moins qu'il n'y a rien de certain là-dessus. Mais on sait sûrement que nous ne perdîmes que huit hommes, cinq à la porte dont Vasco-Fernand d'Ataïde se rendit maître, & trois dans la Ville. Il y en eut d'autres, mais en petit nombre, qui ayant échappé au péril des combats, moururent de maladie.

Le Roi consulte ses fils sur les moyens d'assurer sa conquête.

Le Roi s'occupoit des moyens de conserver sa conquête. Il voulut prendre l'avis de ses fils, & sur-tout de l'Infant Dom Henri, à qui il étoit redevable du dessein & de l'exécution de l'entreprise. Dès qu'il sut son sentiment, il résolut de proposer l'affaire aux principaux Officiers, espérant qu'ils aviseroient aux meilleurs moyens de conserver une Place destinée à perpétuer le souvenir de leurs exploits. Ensuite il crut devoir informer les Rois & les voisins ses amis, du succès de ses armes en Afrique. Le premier à qui il en fit part, fut le Gouverneur de Tariffe, qui méritoit, comme Portugais, d'applaudir le premier à la gloire de sa Nation. Il peut se faire que le vrai motif du Roi fût d'en instruire la Castille par ce moyen, & de lui faire envier sa conquête. Ce fut Jean-Rodrigues Comitre qui porta la nouvelle, il fut reçu avec la plus grande distinction du Gouverneur, qui voulut reconnoître dans la personne de l'Envoyé, l'honneur singulier que lui faisoit un Prince victorieux. Mais pour prouver autant qu'il étoit en lui sa satisfaction comme Portugais, & sa sensibilité comme Gouverneur, il fit partir son fils pour témoigner au Roi sa joie de ses heureux succès, & sa reconnoissance pour l'honneur qu'il en recevoit.

Le Roi dépêcha auſſi pour la Cour d'Aragon, un autre Officier de ſa Maiſon, nommé Jean Eſcudeiro, & peu de jours après, Alvaro-Gonçalves de Maya, Intendant de ſes finances, à Porto, pour inſinuer à ce Prince, (c'étoit le Roi Dom. Fernand) qu'en prenant Ceuta, il lui avoit ouvert le chemin à la conquête du Royaume de Grenade ; & que par le deſir qu'il avoit de l'aider dans cette conquête, il s'étoit déterminé à lui en faciliter l'entrée. Le Roi d'Aragon remercia le Roi, renvoya ſes Députés avec de riches préſens, & fit voir qu'il n'eſtimoit pas moins l'importance de la nouvelle, que les vues politiques qu'il avoit en la lui apprenant. D'anciens Mémoires nous apprennent qu'on envoya depuis un autre Député au Roi de Caſtille, mais ſans rien dire de ſon nom, ni des détails de ſa commiſſion.

Les Maures font des tentatives pour attaquer les Portugais.

Il y avoit deux jours que nos troupes jouiſſoient des fruits de la victoire. Les uns continuoient le pillage avec ardeur, les autres s'amuſoient à faire des réflexions ſur le bonheur de l'entreprife, quand les Maures, qui avoient cherché un afyle dans les montagnes, en defcendirent pour tenter encore le fort des armes en différentes efcarmouches. Furieux de leur difgrace, ils ne pouvoient jetter les yeux fur leurs maifons, fans fe fentir déchirer le cœur. Ils étoient accourus en grand nombre, & tous difpofés à fe venger, ils nous défioient au combat. L'Infant Dom Henri en fut averti. Il monta fur une Tour pour les obferver, & fe fit amener un cheval dans le deffein de les aller châtier. L'Infant Dom Edouard qui arrivoit pour le même fujet, monta fur ce cheval, & accompagné de quelques foldats, il courut fatisfaire au defir de ces barbares. Mais il ne recueillit d'autre gloire de cette action, que d'avoir marché fans délai à l'ennemi; tant que les Maures le virent en ordre de bataille, ils ne firent aucun mouvement; la crainte les empêchoit d'avancer, de peur de lui fournir la matière d'un nouveau triomphe.

Les Barbares continuèrent pendant onze jours à faire les mêmes forties,

& toutes les fois qu'ils se retiroient, ils avoient un nouveau sujet de se plaindre de la fortune. L'Infant Edouard parut encore à une de ces escarmouches, pour s'ôter le regret de n'avoir point trempé la première fois son épée dans le sang de l'ennemi; mais le Roi l'ayant su, jugea qu'il n'étoit ni honorable, ni utile de se mesurer avec ces Maures, qu'on avoit déja forcés à prendre honteusement la fuite, & il ordonna qu'on ne sortiroit plus de la Place sans sa permission. On obéit, & comme les Maures ne virent plus paroître personne dans la plaine, ils remplirent les montagnes de cris lamentables. On entendoit aussi ceux de leurs femmes & de leurs enfans, si bien que les vainqueurs en étoient émus de pitié.

On change la grande Mosquée en une Eglise consacrée au mystère de l'Assomption de la Ste Vierge.

Mais il étoit temps que la Religion triomphât à son tour. Le Roi ordonna que tout fût prêt pour le 25 du mois d'Août, jour fixé pour la purification de la grande Mosquée. Ce jour fut un des plus glorieux pour la piété de ces anciens Portugais, qui dans leurs fastes, ne vantent que ces sortes d'actions. On purifia ce lieu infâme, on en fit un Temple consacré à l'Assomption de la Sainte Vierge. Rien de plus touchant que la pieuse allégresse avec laquelle le Roi, les Princes ses fils, toute la Noblesse, & un nombre infini de soldats, tenant tous des cierges à la main, assistèrent au *Te Deum* qui fut chanté pour rendre graces au Dieu des victoires. L'Infant Dom Henri sut que les Maures avoient autrefois enlevé les cloches de Lagos, on les fit chercher en toute diligence, elles furent placées au haut d'une Tour; & leur carillon mêlé au son des clairons & des trompettes, servit à augmenter la joie de cette pieuse cérémonie.

François-Jean Xira, monta en Chaire. L'Histoire lui donne la réputation d'un grand Orateur. L'objet de son Discours, fut d'exalter les miséricordes du Seigneur, dans les exploits héroïques de sa Nation. Ensuite on commença la Messe. Des larmes de joie coulèrent des yeux de tous les assistans, en voyant célébrer le plus augufte de nos myftères, dans un lieu où un culte abominable déshonoroit le nom de Dieu depuis plufieurs fiècles. La richeffe des dépouilles fervit à augmenter la magnificence de la fête. Le Roi voulut la terminer, en armant fes fils Chevaliers. Le premier qui reçut cet honneur, fut l'Infant Edouard, enfuite l'Infant Dom Pedro, & après lui l'Infant Dom Henri, & la cérémonie finit par la réception du Comte de Barcellos. Le Roi fuivit l'ordre de la nature dans cette occafion; car fi on avoit eu égard aux fervices, & que la modeftie de l'Infant Dom Henri ne s'y fût point refufée, le plus vaillant auroit paffé le premier.

Les Princes fongèrent enfuite à conférer le même honneur à leurs Officiers & aux perfonnes les plus diftinguées de leur fuite, qui en étoient dignes. L'Hiftoire de ce fiècle, dont nous aurons toujours à nous plaindre, nous a confervé les noms de quelques-uns, & s'en eft repofée à l'égard des autres fur leurs defcendans, qu'elle fuppofoit devoir perpétuer à jamais des titres si honorables pour leurs familles. De tous les soldats que l'Infant Dom Henri arma Chevaliers, nous ne connoissons que Dom Fernand, Seigneur de Bragance; Gil-Vaz de Cunha, Alvaro de Cunha, Alvaro-Pereira, Diogo-Gomés de Silva, Vasco-Martin d'Albergaria, Alvaro-Fernandès Mascarehnas, & Jean-Gonçalves Zarco, à qui nous donnerons en son lieu de justes éloges.

Le Roi s'occupoit profondément des moyens de garder Ceuta, pour établir sur des fondemens solides, la gloire de Dieu & la réputation de ses armes. Mais il avoit déja remarqué dans plusieurs, un desir impatient de retourner en Portugal, soit qu'ils craignissent de compromettre leur réputation, ou de perdre ce qu'ils avoient gagné. Il consulta l'Infant Dom Henri sur un point si important, il le trouva d'un avis qui lui parut inspiré par la Religion & le zèle du bien de l'Etat. Il étoit naturel que deux caractères si semblables, eussent le même avis. Cependant il

Le Roi consulta l'Infant Dom Henri sur les moyens de conserver Ceuta.

ne voulut rien faire sans avoir assemblé son Conseil. Il l'assembla en effet le lendemain de la purification de la Mosquée, & parla en ces termes:

Je vous ai appellés pour vous proposer une affaire où l'honneur de ma Couronne est intéressé; mais ce n'est pas encore-là ce qui lui donne le plus de poids, il y va de la gloire de la Religion. Vous sentez déja que je veux parler de notre conquête. Depuis qu'il a plu à Dieu de se servir de vous pour ajouter cette Place à mes Domaines, j'ai pensé qu'il étoit de mon devoir d'assurer le triomphe de la foi, en conservant l'honneur de ma première victoire; & qu'en vous proposant mon dessein, vous me fourniriez vous-mêmes de nouveaux motifs, pris dans votre piété & dans votre sang, pour m'affermir dans une si juste résolution. J'ai long-temps réfléchi sur ce projet, j'en ai vu toutes les difficultés, mais je les ai surmontées dans mon esprit, & j'espère en triompher par mon courage. La conservation de cette Place ne me paroît pas seulement nécessaire, mais avantageuse;

tageufe; & fans toucher le motif le plus intéreffant pour des hommes auffi anciennement attachés à la Religion dont vous êtes nés pour ainfi dire, les foldats, vous voyez affez que Ceuta eft la mine la plus riche des biens que defire votre valeur. Vous pourrez l'exercer déformais fur ce nouveau théatre, & vous n'irez plus travailler fans fruit à vous faire un nom dans les pays étrangers. Avec moins de frais & plus de gloire, vous aurez dans vos fervices de quoi établir la fortune de vos defcendans. Quant à moi, je regarde Ceuta comme un héritage précieux que je laiffe à mes fucceffeurs, pour leur faciliter la conquête de toute l'Afrique. Je leur en ai ouvert la porte; c'eft à eux d'achever avec vos defcendans, ce que nous avons fi bien commencé. Dieu n'a mis la Couronne fur leur tête qu'à cette condition. Mais fi nous ne pouvons leur laiffer d'autres conquêtes, confervons-leur du moins celle-ci, que vous avez arrofée de votre fang. Cette gloire eft digne de

E

vous, sur qui l'Univers jaloux, a maintenant les yeux, pour voir si vous serez insensibles à la gloire, au point de sacrifier une réputation de plusieurs siècles, acquise en un seul jour.

A ces raisons le Roi en ajouta d'autres, qui n'étoient pas moins puissantes, leur montrant la conservation de la conquête, tantôt comme un remède contre l'oisiveté de la jeunesse dont elle énerve le courage, tantôt comme un châtiment pour les criminels, & un moyen d'expier leurs fautes par des actions honorables. Mais comme le Roi croyoit encore avoir besoin de conseil sur cette affaire, on alla aux voix, & les sentimens se trouvèrent partagés. Ceux qui n'étoient point d'avis qu'on gardât Ceuta, se fondoient sur des raisons de politique, sans penser à cette Providence souveraine qui avoit si visiblement combattu pour nous. Ils disoient que cette nouvelle conquête étant un membre entiérement séparé du Corps de l'Etat, il se dessécheroit bientôt faute de subſtance; que d'ailleurs les habitans de cette vaſte région étoient aſſez nombreux, pour former autant d'armées qu'il y a de jours dans l'année; que le ſecret de nos forces ſeroit bientôt découvert par les Maures, qui s'appercevroient de la foibleſſe irrémédiable de notre garniſon; qu'en ſuppoſant qu'on s'obſtinât à le leur cacher, on conſumeroit toutes les reſſources du Royaume pour défendre une ſeule Place; que cela arriveroit, quand même le Roi de Caſtille ne ſongeroit point à ſe prévaloir du partage de nos forces; mais que ſi ce Prince venoit à rompre la paix, ſous prétexte qu'on l'avoit faite pendant ſa minorité, alors nous ſerions forcés d'abandonner honteuſement Ceuta, & de livrer une Monarchie triomphante aux caprices de la fortune.

Ces raiſons étoient agitées avec chaleur, par des perſonnes à qui leur âge donnoit beaucoup d'autorité. Mais comme le Roi avoit déja peſé murement toutes les difficultés du projet, il rompit la féance en difant: qu'il n'étoit pas venu en Afrique avec fes enfants, pour tremper feulement fes armes dans le fang des Maures, & leur apprendre à rebâtir leur Ville avec de meilleures fortifications; qu'il eût été inutile d'employer à cela tant de dépenfes & de travaux; qu'il étoit venu exterminer l'Alcoran, & étendre l'Empire de l'Evangile; qu'il ne rempliroit point un fi grand deffein, s'il quittoit maintenant l'épée; que ce n'étoit point à la politique de la Terre à diriger les entreprifes du Ciel; qu'ils en avoient eux-mêmes la preuve fous leurs yeux, s'ils vouloient fe rappeller la manière dont ils avoient opiné avant la conquête, & le fuccès qu'elle avoit eu malgré leur avis; que Dieu les aideroit à la conferver, comme il les avoit aidés à la faire, puifqu'à lui feul appartenoit de difpofer du cœur des hommes; qu'enfin il falloit conferver Ceuta pour la gloire de celui qui commençoit à y être adoré; qu'il ne vouloit pour la défendre, d'autres boulevards que les Mosquées, qu'il venoit de changer en autant d'Eglises ; qu'il desiroit même dans ce moment avoir une garnison moins forte, afin qu'ils vissent plus clairement combien le Ciel s'intéressoit à la conservation de la Place.

Soit conviction, soit crainte, tout le monde se tut après ce discours du Roi. Il s'agissoit maintenant de choisir un homme capable de porter le poids de ce Gouvernement ; & quoiqu'il y eût dans l'armée, nombre d'Officiers qui avoient vieilli dans les combats & dans l'art de la guerre, on dit que l'Infant Dom Henri désigna au Roi, ou le Connétable, ou Gonçalès-Vasques Coutinho. Ils furent nommés, mais ils n'acceptèrent point. Le premier s'excuse sur son grand âge & ses infirmités ; le second, sur la résolution qu'il avoit formée d'aller travailler plus utilement pour son salut, dans le Couvent qu'il avoit fondé à Lisbonne. Le Roi fut si piqué de la défaite de

Le Roi délibere sur le choix d'un Gouverneur de Ceuta.

Gonçalo-Vasques, que sans délibérer davantage, il manda Martin-Alphonse de Mello, & en préfence de toute l'assemblée, il le nomme Gouverneur de Ceuta, accompagnant cette faveur de paroles si honorables, qu'elles étoient d'avance la récompense la plus flatteuse de ses services. Martin-Alphonse remercia le Roi, & le pria modestement de lui permettre de faire ses réflexions, avant de se charger d'une Place qui honoroit presque autant qu'une Couronne. Le Roi le lui permit, & l'Elu profita de l'intervalle pour donner sa démission.

Le Roi sentit vivement ce refus, ou parce que c'étoit le troisième qu'il essuyoit, ou parce qu'il croyoit que personne n'étoit plus en état que Martin-Alphonse. Il se rendit cependant à ses raisons, soit qu'il les trouvât justes ou seulement plausibles. Quoi qu'il en soit, il ne voulut point le forcer à accepter ce Gouvernement, pour ne point lui avoir obligation d'une chose qu'il lui donnoit comme une grace. Mais quand il sut que le refus de Mello lui avoit été suggéré par deux de ses domestiques qui craignoient d'être obligés de rester avec lui à Ceuta, il leur ordonna de s'enrôler tous deux dans la garnison. Punition bien légère pour des hommes qui avoient été cause qu'un Seigneur si illustre étoit descendu de ce haut point de gloire où ses exploits l'avoient élevé.

Le Comte Dom Pedro-de-Menezes ayant su ce qui se passoit, fut s'offrir lui-même au Roi. Les Historiens varient sur la manière dont il s'y prit. Les uns disent qu'il pria l'infant Dom Edouard d'assurer le Roi qu'il se chargeroit du Gouvernement de la Place. D'autres y ajoutent la circonstance d'un propos qu'il tint en présence de plusieurs vieux Officiers, devant lesquels il se vanta, que seul & sans armes, rien qu'avec ce bâton d'olivier sauvage qu'il tenoit à la main, il se faisoit fort de défendre la Place contre toutes les armées des Maures. Quoi qu'il en soit, de ce fait, il est toujours bien glorieux pour ce Seigneur d'avoir offert ses services si généreusement, action qui l'égale à Scipion dans une circonstance semblable. Le Roi témoigna sa sensibilité au Comte, en des termes trop magnifiques, pour être souvent employés par les Souverains; en même-temps, Ruy-de-Sousa, le même dont nous avons déja parlé avec éloge, s'offrit pour rester dans la Place avec quarante hommes qu'il feroit venir de Portugal. Le Roi ne voulut point être en arrière avec un sujet si zélé pour son service. Il lui confia la garde de la porte à laquelle il avoit donné son nom, comme nous l'avons observé plus haut; lui promit de l'avancer, l'assurant qu'il n'auroit jamais à se plaindre d'aucun passe-droit. Il nomma le Comte, Gouverneur de la Ville & Général des troupes, sans vouloir souffrir qu'il lui prêtât hommage, faisant connoître à tout le monde, par une distinction si marquée, qu'il lui suffisoit pour être assuré de sa fidélité, qu'il fût de la Maison des Menezes.

Dès que le Gouverneur fut nommé, le Roi choisit pour la garnison trois cents hommes des troupes de sa division, & leur donna pour Commandant, son Grand-Veneur, Lopo-Vaz de Castello-Branco; il voulut que ses fils en usassent de même de leur côté, au nombre qu'ils jugeroient convenable. L'Infant Dom Henri choisit aussi trois cents hommes, & mit à leur tête Jean Pereira, pour garder la Tour de Sainte-Marie d'Afrique. Disons à la gloire de ce guerrier, que le choix du Prince fut la récompense de ses grands services. Après cette opération, la garnison se trouva monter en tout à 2700 hommes. Il nous reste les noms de plusieurs, les autres sont oubliés, & leur gloire est devenue inutile à leurs descendans. Il ne s'agissoit plus que de donner un Evêque à Ceuta. Il étoit naturel de s'attendre à plusieurs refus pour une charge si difficile. Mais François Aymar, qui

E v

avoit été Confesseur de la Reine Philippe, & qui étoit Evêque titulaire de Maroc, accepta sur le champ; c'étoit un homme animé d'un zèle vraiment apostolique, & qui desiroit ardemment d'exercer ses vertus dans cette nouvelle conquête de l'Evangile.

Le Roi reprend la route du Portugal.

Tout étant disposé de manière qu'on n'eût à craindre, ni foiblesse de la part du Gouverneur, ni désobéissance du côté des troupes, le Roi songea à reprendre la route de Portugal. On entroit en Septembre, mois peu orageux dans ces mers. La Flote partit le 2, douze jours après la victoire, au son des instrumens guerriers qui sembloient annoncer aux mers les triomphes des Portugais. Les yeux attachés sur leur patrie, ils voguoient avec plus d'ardeur, & les vents favorisoient encore leurs desirs. On alla mouiller à Tavira, d'où le Roi envoya tous les Vaisseaux à Lisbonne. Les soldats étrangers qui étoient venus s'offrir pour partager avec nous la gloire de l'expédition, s'en retournèrent de-là dans leur pays, emportant avec eux la renommée de leurs exploits, & les richesses qu'ils avoient amassées au service d'un Prince reconnoissant & généreux.

Le Roi sentoit combien il devoit à la valeur de ses fils, & il lui tardoit fort de reconnoître leurs services. Il les assembla tous, & après leur avoir donné de gands éloges, il créa solemnellement l'Infant Dom Pedro, Duc de Coimbre; & l'Infant Dom Henri, Duc de Viseu; ajoutant pour celui-ci, que comme il avoit pris plus de peine dans l'entreprise, & y avoit contribué par de plus grosses dépenses, il le faisoit aussi Seigneur de Covilhan. L'Infant Dom Edouard n'eut point de part à ces faveurs, la nature l'ayant destiné en qualité d'aîné de ses frères, à avoir le Royaume pour récompense. Le Roi n'eut pas plutôt reconnu les services de ses fils, qu'il s'empressa de répandre ses libéralités sur ces braves Portugais, qu'il regardoit aussi comme ses enfans; &

Le Roi récompense se fils de leurs services.

pour les satisfaire selon leurs desirs, il dit à tous de lui faire leurs demandes, qu'à moins qu'elles ne fussent déraisonnables, ils pouvoient compter qu'elles leur seroient accordées sur le champ. Il y avoit dans cette conduite du Roi, autant de générosité que de prudence. En ne faisant point languir les desirs des Prétendants, la Majesté Royale évitoit le double reproche d'avarice ou d'ingratitude.

<small>Le Roi arrive à Evora.</small>

Le Roi s'étant décidé à faire le voyage par terre, envoya aussi à Lisbonne les Galères, les Vaisseaux de transport, avec toutes les troupes & les équipages. Accompagné des Princes ses fils & des Officiers de sa Maison, il partit pour Evora, où il étoit attendu par un grand concours de Noblesse & de peuple impatients de voir un Roi si redoutable dans la guerre, qu'il ne lui avoit fallu, pour ainsi dire, que se montrer, pour faire une si importante conquête. Aux portes de la Ville, il fut reçu par le Sénat & les Citoyens des deux sexes & de tout âge, qui formoient des chœurs, où l'on célébroit son triomphe par des chansons que dictoit la joie & la simplicité de ces temps heureux. Les fêtes durèrent pendant plusieurs jours, avec des illuminations & des spectacles qui amusoient le loisir d'un peuple triomphant, & où chacun témoignoit selon ses forces, la part qu'il prenoit à la gloire de l'État. Les Infants, & sur-tout celui dont nous écrivons l'Histoire, entroient pour beaucoup dans les louanges du peuple. On savoit bien que rien ne flattoit plus vivement le Roi, que les éloges qu'on donnoit à ses fils. Mais il est temps de finir ce livre & le récit des actions héroïques de l'Infant Dom Henri, dans la conquête de Ceuta. A présent, pour donner une leçon utile à ceux qui courent la carrière de la gloire humaine, nous allons leur montrer ce Prince, comme un illustre exemple de l'inconstance de la fortune, dont il éprouva les disgraces après en avoir reçu tant de faveurs. Dans ce changement de situation, sa gloire n'en paroîtra pas moins éclatante à la lumière de la vérité; les revers qu'il essuya ne purent obscurcir sa valeur.

Fin du Livre premier.

VIE
DE L'INFANT
DOM HENRI
DE PORTUGAL.

LIVRE SECOND.

L'Infant Dom Henri avoit dé- L'Infant s'applique à l'étude des Mathématiques. posé ses armes. Mais comme son esprit naturellement élevé le portoit à ce haut point de gloire, qui devoit en faire dans la postérité le modèle d'un Prince parfait, il se tenoit éloigné de ces plaisirs auxquels le feu de l'âge & l'oisiveté de la paix sembloient l'inviter. Une nouvelle conquête plus glorieuse s'offroit à ses yeux, c'étoit d'enrichir son ame des connoissances propres à former les Héros. Le noble desir de la solide gloire, conspirant avec la beauté de son génie, il s'adonna à plusieurs sciences avec la même application que si elles eussent été nécessaires à sa fortune. Les Mathématiques surtout, exercèrent la pénétration de son esprit. Il lisoit, il méditoit, il conversoit avec les savants ; telles furent ses principales occupations, pendant le long espace de dix-huit ans, qui s'écoulèrent jusqu'à la mort du Roi. Mais au plus fort de ses laborieuses recherches, il fut obligé de reprendre les armes; son courage le rappelloit à Ceuta.

Il est averti par le Comte Dom Pedro, que les Maures se disposoient à assiéger Ceuta. Il vole au secours de cette Place avec l'Infant Dom Juan.

Le fameux Comte Dom Pedro de Menezes, qui avoit affermi cette Place dans l'obéissance de son Maître en faisant des prodiges de valeur, se voyant assiégé par une multitude innombrable de barbares, fut forcé de donner avis au Roi, du danger où il se trouvoit. Aussi-tôt on se disposa à lui envoyer du secours. L'Infant Dom Henri fut chargé d'aller délivrer Ceuta du siége dont cette Ville étoit menacée, & d'emmener avec lui son frère Dom Juan, qui dans un âge tendre sentoit déja les aiguillons de la gloire, & envioit à ses frères tout ce qu'il leur entendoit raconter de cette conquête. Les Infants s'embarquèrent avec le secours nécessaire, & à peine arrivés au Cap Saint-Vincent, la Providence voulut leur donner des marques de sa protection. Ils rencontrèrent un gros Vaisseau chargé de bled & de Maures ; ils s'en emparèrent ; ce fut un secours de plus pour leur Flote.

Le Comte Gouverneur se voyant serré de plus près de jour en jour, & commençant à douter que le Roi eût reçu l'avis qu'il lui avoit envoyé, il en fit partir un autre par Alphonse-Garcia de Queiros, qu'il dépêcha dans une Felouque. Ce second Courier ayant débouqué le détroit, apperçut bientôt des voiles Portugaises, que les vents contraires empêchoient d'y entrer. Il reconnut que c'étoit l'escadre ; & ayant abordé, il rendit compte à l'Infant Dom Henri de la position fâcheuse où étoit la Place, investie d'une multitude incroyable de Maures, que le Roi de Grenade avoit envoyés pour nous accabler sous leur nombre. L'infant assembla son Conseil, & on convint de la forme du débarquement, qui de l'avis de tous ne pouvoit se faire pendant la nuit dans aucun des ports, sans un danger évident.

On passe devant Tariffe. Le Roi de Grenade avertit les Assiégeans par des signaux.

Les vents contraires poussèrent l'escadre du côté de Tariffe, & elle fut apperçue du Roi de Grenade, qui étoit déja à Gibraltar, tout prêt à s'embarquer pour Ceuta dont il vouloit faire le siége en personne avec toutes les forces de son Royaume. Il se douta bien que cette escadre portoit du secours aux ennemis; il craignit aussi qu'elle ne portât cette fortune victorieuse, qui se jouoit de toutes les forces de l'Afrique. Il fit allumer beaucoup de feux, pour donner avis aux Assiégeans de l'apparition de l'escadre; mais ceux-ci prenant les signaux pour un avertissement de l'approche du Roi de Grenade, redoublèrent d'ardeur, croyant courir à une victoire assurée. Les mêmes signaux étant répétés de tous côtés, alors ils commencèrent à se douter de ce qu'ils pouvoient signifier. Ils ordonnèrent qu'on observât du Château d'Almine, d'où on découvroit le détroit, s'il ne paroissoit point quelque Vaisseau. Celui qu'on avoit chargé de la commission, en vit quelques-uns, en compta jusqu'à douze, & déja la crainte en grossissoit le nombre à ses yeux. Il courut aussi-tôt rapporter aux Maures, que tout le détroit étoit couvert de voiles, & qu'il pensoit que des forces si considérables n'auroient pas de peine à conquérir l'Afrique. Cette nouvelle jetta l'épouvante parmi les Maures, & ils crurent que la fuite étoit le parti le plus sûr. Ils se retirèrent avec précipitation, comme s'ils avoient déja senti sur leurs têtes le poids d'une vengeance proportionnée à leurs insultes. La garnison, sans savoir la cause de leur fuite, se mit à les poursuivre, & en fit un horrible carnage.

Débarquement de l'Infant.

L'Infant débarqua, & fut reçu en triomphe pour une victoire qu'il ignoroit. Informé de ce qui étoit arrivé, il auroit pu regretter une si belle occasion de signaler sa valeur; mais l'amour qu'il avoit pour ses soldats, & le zèle dont il brûloit pour les intérêts de sa Patrie, lui ferma les yeux sur sa propre gloire, pour ne les ouvrir qu'à l'utilité publique. On témoigna dans la Ville une grande joie d'un succès, que la flaterie attribuoit au nom de l'Infant déja si redouté de ces barbares; mais ce Prince voyant la terre jonchée de morts, & neuf cents quatre-vingt six prisonniers dans la Place, combla de caresses & d'éloges de si illustres défenseurs. Des paroles il passa aux effets, & voulut que les dépouilles & les prisonniers restassent à ceux qui s'en étoient saisis, n'étant point de l'avis du Gouverneur, qui desiroit les répartir également entre ses soldats, pour ôter aux uns un sujet d'orgueil, & aux autres un sujet de jalousie.

Il retourne en Portugal, & perd un

Les Princes demeurèrent deux mois à Ceuta, espérant toujours que les

Maures tenteroient de rétablir leur réputation. Mais les voyant tout-à-fait insensibles, ils se déterminèrent à retourner en Portugal. Le courage de Dom Henri souffroit impatiemment qu'il eût à reparoître devant son père sans avoir rien fait de grand; roulant dans son esprit des idées de conquête, il forma le projet de s'emparer de Gibraltar. L'affaire fut proposée dans le Conseil, mais les voix ne lui furent point favorables. Alors, ne consultant que l'ardeur de son courage, il donna ordre qu'on fît voile vers cette Place; le Ciel ne bénit point l'entreprise; il s'éleva une furieuse tempête, qui poussa la Flote vers le Cap de Gate, où elle resta pendant quinze jours; & quand les Princes furent de retour à Ceuta, ils y trouvèrent une lettre de leur père, qui les rappelloit auprès de lui. Ils y obéirent sur le champ, & leur traversée fut si malheureuse, qu'ils perdirent un gros Vaisseau & beaucoup de monde, les chaloupes ayant coulé bas, comme ils cherchoient à se sauver de la tempête en gagnant le pays

Vaisseau en chemin.

ennemi, où ils auroient du moins trouvé une mort glorieuse.

L'Infant Dom Henri ne fut pas plutôt de retour en Portugal, qu'il reprit le cours de ses études chéries, ne connoissant point d'autres plaisirs, parce qu'il ne trouvoit que ceux-là d'utiles. Mais comme le métier de la guerre étoit sa passion dominante, il ne tarda pas à quitter les livres pour reprendre l'épée. L'Infant Dom Edouard venoit de monter sur le Trône. Ce Prince se voyant tous les jours importuné par l'Infant Dom Fernand, qui lui demandoit la permission de sortir du Royaume, pour se faire la même réputation dont ses frères jouissoient dans leur Patrie, le Roi consulta l'Infant Dom Henri sur les moyens de dissuader ce jeune Prince d'un pareil dessein. Mais l'Infant, que ses inclinations portoient à la guerre, approuva dans son frère, l'ardeur qu'il sentoit en lui-même. Il persuada au Roi de lui accorder cette permission ; n'étant pas juste, disoit-il, que celui-ci pour être venu le dernier, fût privé d'une faveur, que dans un autre temps ses frères avoient sollicitée avec tant d'instances. Il lui proposa la conquête de Tanger, qui étoit aussi utile que glorieuse, & lui demanda aussi qu'il lui fût permis d'accompagner son frère, afin que la Patrie pût le compter au nombre des instrumens de ses nouvelles conquêtes. Le Roi le remercia de son zèle, mais le Conseil n'approuva point le projet de l'Infant, qui étoit contraire aux intérêts actuels du Royaume. Les deux frères insistèrent, & firent intervenir le crédit de la Reine; & pour obtenir plus sûrement ce qu'ils desiroient, ils allèrent jusqu'à promettre de faire donation en cas de mort, de tous leurs biens à l'Infant Dom Fernand, leur neveu. Le Roi consentit enfin, mais à regret, à une entreprise où il voyoit plus de courage que de prudence.

Les Infants Dom Pedro & Dom Juan, s'opposèrent au dessein des Princes. Ils avoient pour eux les meilleures têtes de la Cour; le Roi fut ébranlé par les raisons de tant de gens habiles; mais à la fin, malgré

Départ de la Flote; les Infants arrivent à Ceuta.

leurs oppositions, la permission donnée prévalut. On dit que les Princes en furent redevables à la Reine, leur protectrice, qui pouvoit tout sur l'esprit du Roi. On fit des levées qui se montoient jusqu'à 14000 hommes. La guerre commença dès ce moment par les vexations qu'on fit souffrir au peuple, à qui on arrachoit ses enfants avec de grosses contributions. Enfin la Flote mit à la voile le 22 Août de l'année 1437. Le 27 du même mois, les Infants arrivèrent à Ceuta, & firent la revue des troupes, qui ne se montoient guère plus qu'à six mille hommes ; les Vaisseaux n'ayant pu en contenir davantage : il y eut aussi un grand nombre de déserteurs, ce qui prouve la violence qu'on avoit employée dans cette expédition, la désertion n'étant rien moins que commune, dans un siècle où l'on étoit déshonoré quand on n'alloit point à la guerre.

Toute la côte d'Afrique prit l'épouvante aux approches d'une Nation qui aimoit la guerre comme une nouvelle espèce de commerce, &
qui

qui se retiroit toujours dans son pays chargée de dépouilles. Les Maures d'Hénamède ne consultant que leur frayeur, résolurent d'acheter la paix, en se soumettant à un tribut, en signe d'hommage envers la Couronne de Portugal. Les Infants l'acceptèrent, & en tirèrent un bon augure pour le succès de leur entreprise. Ils étoient tellement enivrés de leurs espérances, qu'ils méprisèrent l'avis des Capitaines qui s'étoient distingués au siége de Ceuta, & qui vouloient qu'on envoyât demander en Portugal de nouveaux renforts. Ils résolurent de risquer une action, qui leur feroit d'autant plus d'honneur, qu'ils combattroient avec moins de monde.

L'Infant Dom Henri ordonna aussi-tôt à Jean Pereira, homme propre aux entreprises hardies, de prendre mille hommes avec lui, & de s'assurer si on ne pourroit point pénétrer jusqu'à Alcacer, malgré la difficulté des chemins, & attaquer Tanger de ce côté-là. Il obéit, franchit la montagne escarpée de Ximera, arrive à la porte d'Almeric où la for-

L'Infant Dom Henri envoie Jean Pereira, pour savoir de quel côté on pourra attaquer Tanger.

F

aune lui fournit une occasion de se mesurer avec les Maures, & de donner des preuves de son audace, autant que de sa valeur. Une armée de Maures vint le recevoir, bien résolue de le châtier d'une action si hardie. Le combat s'échauffa de part & d'autre, & devint d'autant plus furieux, que les ennemis nous égaloient en courage. Le temps, au lieu de les affoiblir, ne faisoit qu'accroître leur résistance ; l'obstination d'un parti animoit la fureur de l'autre, & le sang ruisseloit sur la terre sans que personne voulût céder. Un de nos soldats tomba percé de coups. Jean Pereira s'en apperçut, & poussa les Maures avec tant de vigueur, qu'il les obligea de se retirer. Plusieurs restèrent sur le champ de bataille, & rendirent témoignage par leur mort à la valeur de nos troupes. Parmi ces morts, les ennemis regrettèrent beaucoup leur Général, à qui Jean Pereira abbatit la tête d'un coup de sabre.

On répand que les Portugais ont été La renommée, qui dans les évènemens de la guerre, est lente à dire la vérité, répandit le bruit que nos troupes avoient été taillées en pièces. A cette nouvelle, l'Infant Dom Henri partit pour venger la mort de ses soldats : mais en arrivant, les cadavres des ennemis lui attestèrent une victoire au lieu d'une défaite, victoire d'autant plus glorieuse, qu'elle n'avoit coûté la vie qu'à un seul Portugais. Il vit à cette occasion que la difficulté du chemin & la multitude de Maures qui le défendoient, ne permettoient point qu'on pût s'ouvrir un passage de ce côté-là. Il résolut donc de prendre par Tétuan. L'Infant Dom Fernand, qui ne pouvoit point l'accompagner à cause d'un mal de jambe dont il souffroit beaucoup, s'embarqua pour l'aller attendre sur le rivage de Tanger.

mis en déroute. L'Infant part pour les secourir.

L'armée s'étant mise en marche, l'Infant fit prendre les devants à Ruy-de-Sousa, avec trois cents chevaux pour aller à la découverte. Après trois jours de marche, ils se reposèrent près de Tétuan, dont les habitans en petit nombre & très-misérables, se crurent perdus sans ressource. Mais

On arrive à Tanger.

F ij

ce fut leur foiblesse même qui les sauva. Nos troupes arrivèrent enfin à Tanger le 14 Septembre, après avoir ruiné beaucoup de villages & de hameaux, sans que la mort d'un grand nombre d'ennemis lui eût fait perdre un seul soldat. L'Infant Dom Fernand étoit déja arrivé. Chacun prit ses quartiers, & l'on se reposa des fatigues de la marche. A peine avoit-on quitté les armes, qu'un bruit vague se répandit, (c'étoit un artifice des Maures), que la Ville étoit toute ouverte, & que les habitants l'avoient abandonnée en désordre, pour sauver leurs vies des mains des Portugais. Ce qui s'étoit passé au Château de Ceuta, fit croire cette nouvelle à l'Infant Dom Henri. Il prend le monde nécessaire, marche vers les portes de la Ville, les voit fermées, reconnoît qu'on l'a trompé, mais sans en être beaucoup en peine, croyant que cette ruse va coûter cher à l'ennemi.

Il attaque les portes, en enfonce deux; mais la troisième, garnie en-dedans de grandes planches de fer, résiste à la violence des coups, &

même du feu. Nos foldats furieux ne fe feroient point retirés, fi la nuit n'étoit furvenue. Car la rufe des barbares étoit à préfent le moindre motif qui les acharnât contre eux. Ce qui enflammoit le courroux de l'Infant, c'étoit la mort de plufieurs braves foldats qu'il regrettoit vivement, & une bleffure dangereufe qu'avoit reçue fon neveu Dom Fernand, Comte d'Arrayolos, qui exerçoit dans l'armée les fonctions de Connétable, avec la valeur ordinaire à ceux de fon fang. Comme les préfages ne font point méprifés dans les armées, on n'augura rien que de funefte de celui-ci ; on remarqua bientôt après une autre circonftance. Le bâton de la bannière de l'Infant Dom Henri, fe rompit dans les mains de fon Porte-Enfeigne. Ces pronoftics prirent faveur parmi les foldats, & ils ne doutèrent plus du mauvais fuccès de l'expédition. Si ceux qui ajoutoient tant de foi à ces préfages, avoient été moins braves, c'étoit un préfage bien plus funefte pour eux, que fept mille hommes de vieilles troupes, qui étoient alors dans Tanger aux ordres de Zala-Benzala, qui se préparoit à laver dans le sang Portugais, l'affront qu'il avoit reçu à Ceuta.

On livre un assaut à la Place avec peu de succès.

Le peu de succès de cette action détermina l'Infant Dom Henri à livrer un véritable assaut à la Place. On distribua les postes. La porte de Fez échut à l'Infant Dom Fernand; Dom Henri se réserva pour l'attaque du Château, où il présumoit que l'ennemi auroient jetté ses meilleures troupes. Les trompettes sonnèrent la charge, & l'assaut commença. Mais on s'apperçut bientôt que le Ciel n'étoit pas pour nous. Nous attaquions les portes, & elles étoient déja fermées par une muraille de grandes pierres; nous approchâmes les échelles, & elles se trouvèrent trop courtes, faute impardonnable, qui venoit d'une confiance aveugle en notre valeur. Cependant les troupes firent voir que leur confiance n'étoit point tout-à-fait sans fondement; elles combattirent avec un courage si soutenu, qu'étant forcées enfin de se retirer, elles le firent en si bon ordre, que si elles étoient entrées triomphantes dans la Place. Il est inutile de parler ici de l'intrépidité de l'Infant Dom Henri, & de ses prodiges de valeur ; ce que nous en avons déja dit, suffit pour faire connoître comment il se comportoit en de semblables occasions.

L'Infant dépêcha aussi-tôt à Ceuta, afin qu'on lui envoyât des échelles plus hautes. Dans cet intervalle, il y eut différentes escarmouches, où les deux partis se battirent avec une égale fureur. Nous fûmes d'abord victorieux. Les Maures ayant vu tomber plusieurs de leurs camarades, & un plus grand nombre étant dangereusement blessés, étoient sur le point de tourner le dos, comme c'étoit leur coutume toutes les fois qu'ils en venoient aux mains avec nous. Mais ils furent secourus par une multitude incroyable de barbares, & eurent depuis quelques avantages, dont le plus considérable fut de nous tuer six soldats ; savoir, Jean de Castro, Fernand-Vaz de Cunha,

Gomés-Nogueira, Fernand de Sousa, Martin-Lopés de Azevedo, & Jean-Rodrigués-Coutinho, tous soldats d'une valeur reconnue, & qui auroient suffi pour prendre la place, s'il n'avoit fallu pour cela que du courage.

Mais le triomphe des Maures ne dura guères. L'Infant Dom Henri détacha contre eux quatre soldats pour venger la mort de leurs camarades, & il n'eut point à se repentir de son choix. C'étoit Dom Alvaro de Castro, Alvaro-Vaz de Almada, Conçalo-Rodrigués de Sousa, & Fernand-Lopés de Azevedo. Ils partirent avec soixante-dix chevaux, & eurent bientôt trouvé ce qu'ils cherchoient. Un Corps considérable d'ennemis vint à leur rencontre, le combat s'engagea, ils en tuèrent quarante ; de notre côté, nous ne perdîmes pas un seul homme. Quelques jours se passèrent dans ces sortes de combat, sans pouvoir nous emparer d'aucun poste avantageux. Cependant les Maures nous craignoient, & quoiqu'ils fussent très-nombreux, ils se croyoient encore trop peu de monde. Ils demandèrent du renfort ; la campagne se trouva bientôt couverte de 90000 hommes de pied, & de 10000 chevaux. Il y a même des Auteurs qui groſſiſſent tellement ce nombre, qu'ils mettent en péril l'autorité de l'Hiſtoire, comme ſi ce n'eût pas été aſſez de 100000 hommes, pour faire tête à quatre mille Portugais.

Avec cette petite armée, dont 1500 hommes formoient la Cavalerie, l'Infant Dom Henri ſans s'effrayer de la diſproportion du nombre, ſortit pour préſenter la bataille à l'ennemi ; il ne faut qu'un trait comme celui-là pour couvrir tous les malheurs qui conjurèrent contre lui dans cette expédition. Les Maures ſont en préſence, & n'oſent avancer ; l'Infant les attend pendant trois heures, & voyant qu'ils ne font aucun mouvement, il prend pour mépris de la part de ces barbares, ce qui n'étoit que frayeur, & ſe diſpoſe à les attaquer. On ne nous croira pas, quand nous dirons que cette multitude infinie de gens armés, tourna

L'Infant Dom Henri préſente la bataille aux Maures.

le dos, que les uns se refugièrent dans la Place, les autres sur une montagne voisine; mais qu'on lise nos anciens Auteurs, & l'on verra si l'on peut se fier à ces ames sincères, de la vérité des faits que nous avançons.

Trois jours après, ces fuyards reparurent dans la campagne; & comme ils venoient avec de nouveaux renforts, ils nous menaçoient de nous faire payer cher notre audace. Mais il en fut comme de la première fois, l'Infant se montra, ils prirent la fuite. Je crois qu'en le regardant, ils se rappelloient Ceuta, & n'osoient résister à un Prince qui avoit fait trembler l'Afrique. Ils descendirent une troisième fois de la montagne, honteux de leur lâcheté; & de peur d'avoir à se reprocher encore de porter le nom de soldats, ils vinrent en si grand nombre, que les Mémoires d'après lesquels nous écrivons, font monter avec étonnement leur armée à 130000 hommes. Mais ces forces mêmes qui paroissoient invincibles, ne purent raffermir leur courage, jusqu'à oser nous approcher, ou à se laisser approcher par nos troupes. Le Comte d'Arrayolos irrité de tant de foiblesse les attaqua si heureusement, qu'il leur fit quitter la montagne. La perte de ce poste important fit sentir aux Maures toute leur lâcheté; ils s'occupèrent à le recouvrer.

Ils attaquèrent avec la même intrépidité, que s'ils n'avoient jamais fui devant nous. Le combat s'échauffa de plus en plus ; le feu sembloit croître avec le nombre des ennemis. L'Infant Dom Fernand qui commandoit alors, ne put soutenir le choc des barbares; il jugea qu'il étoit plus prudent de se retirer, & d'abandonner ce poste à un ennemi en état, par la supériorité du nombre, de délivrer Tanger de toute insulte. Le Comte d'Arrayolos s'apperçut du danger, & le prévint. Il attaqua ces bataillons immenses, qui triomphoient déja de notre retraite. Il montra tant de valeur, qu'il rompit les rangs des barbares & les obligea de fuir en désordre ; il profita de ses avantages, poursuivit les Maures avec vigueur, assura le poste, & laissa dans le sang

L'Infant Dom Fernand laisse les Maures maîtres de la campagne.

des ennemis, des traces de la grandeur de cette action. Les Maures perdirent cent soixante-dix hommes à cette attaque, nous n'en perdîmes que cinq.

Comme les barbares fuyoient & reparoiſſoient tour-à-tour, ils ne tardèrent point à revenir en plus grand nombre qu'auparavant ; ils recommencèrent à attaquer & à fuir, ſelon leur coutume ; mais cette fois-ci, leur fuite leur coûta plus cher ; nos troupes les pourſuivirent durant l'eſpace d'une lieue, en tuèrent un grand nombre, firent beaucoup de priſonniers, & rentrèrent dans leur camp chargées de gloire & de dépouilles. Cette nouvelle victoire nous fit perdre cinq autres ſoldats ; mais les ennemis laiſsèrent beaucoup plus de monde ſur la Place qu'à la première ; ce ne fut pas le ſeul avantage que nous remportâmes ſur les Maures. Ceux de la garniſon contribuèrent auſſi à notre gloire ; ils firent une ſortie avec leurs meilleures troupes, montrèrent plus de bravoure & d'intrépidité, mais ils ne furent pas plus heureux. Ils nous cédèrent le champ de bataille après l'avoir arrosé de leur sang.

On étoit déja au commencement d'Octobre ; l'Infant Dom Henri résolut de donner un second assaut à la Ville. Il pouvoit se décourager, en voyant qu'il ne lui étoit venu de Ceuta qu'une seule échelle ; mais il crut pouvoir y suppléer, par certaines machines construites en bois, qu'il avoit fait embarquer au même dessein. Comme on les conduisoit vers les murailles, nos soldats prirent deux Maures, qu'on interrogea avec soin, & qui assurèrent qu'il arrivoit aux assiégés un secours de 10000 chevaux envoyés par les Rois de Fez, de Maroc & autres Princes voisins, & que le nombre des gens de pied étoit si grand, que ces vastes déserts pouvoient à peine leur donner un libre passage. Cette nouvelle parut aux uns une exagération outrée, aux autres une façon de parler ; mais le jour suivant, on vit que les deux prisonniers n'avoient dit que la vérité. Les anciens Mémoires du temps pré-

Les Rois de Fez & de Maroc viennent au secours de la Place.

viennent ici le Lecteur avec les plus sincères protestations, qu'ils n'exagèrent rien. Ils nous assurent que la multitude des Maures étoit si grande, qu'elle tarissoit les fleuves, & couvroit plusieurs lieues de pays. Ceux qui ont voulu déterminer le nombre des combattans, ne le mettent pas au-dessous de 800000 hommes.

S'il n'avoit fallu que du courage pour faire tête avec une petite armée, à cette inondation d'ennemis, l'Infant comptoit si fort sur la valeur de ses troupes, qu'il pouvoit se flatter de conquérir toute l'Afrique. Mais chaque Portugais ayant, pour ainsi dire, contre lui une armée de Maures, il vit bien qu'il seroit forcé d'abandonner la victoire à la multitude. Cependant, comme il eût été déshonorant pour leurs armes victorieuses de laisser paroître la moindre crainte, & de se retirer sans combat, l'Infant voulut vendre cher aux ennemis sa défaite qu'il prévoyoit; & avec un courage plus qu'humain, il se prépara à un autre assaut. Il ordonna aux gens de mer de regagner les Vaisfeaux, & aux troupes de se rendre dans leur camp. Il confia la garde de l'artillerie à Vasco-Fernand-Coutinho, & à Alvaro d'Almada. Pour lui, il alla avec sa Cavalerie se poster sur une éminence, & tint à-peu-près ce discours à ses soldats.

Enfans & camarades ! ces Barbares que vous voyez devant vous sont du même sang que ceux que vous ou vos pères avez immolés à Ceuta. Eh pourquoi auroient-ils plus de courage, si dans leur terreur, ils déplorent encore la fatalité des disgraces qu'ils ont éprouvées dans cette première conquête ? Ils sont plus nombreux, il est vrai, mais sont-ils plus braves que ceux que vous avez mis en déroute dans ces fameuses rencontres où vous les avez réduits à une fuite honteuse qui vous paroissoit incroyable, en considérant d'un côté votre petit nombre, de l'autre leur multitude ? Et pourquoi marchent-ils avec des forces si supérieures, si ce n'est qu'ils craignent vos coups, & que leurs plaies saignent encore ? Ils se reposent sur leur nombre, & nous sur

L'Infant exhorte ses soldats.

Dieu ; ce même Dieu qu'ils outragent par un culte abominable ; ce même Dieu, dans la milice duquel nous nous sommes engagés. Ces marques de Chevalerie que vous portez sur la poitrine, vous rappellent le serment que vous avez fait. C'est ce qui doit vous engager à combattre contre les ennemis du nom Chrétien, jusqu'à sceller votre zèle de votre sang, d'autant plus que vous courez à une victoire assurée. Ou vainqueurs ou vaincus, vous triomphez pour Dieu ; vainqueurs, vous honorez son nom par votre triomphe ; vaincus, vous dégagez vos obligations. Si mon exemple est capable de vous animer, faites ce que vous me verrez faire ; & reposez-vous-en sur moi de toute la gloire de votre nom. Car si le Ciel est avec moi, je vous le rendrai avec des accroissements d'honneur. Marchons & espérons en Dieu comme si nous n'avions point de courage ; & ayons confiance en nos armes, comme s'il n'y avoit point de Providence.

Les Maures attaquent les

Après avoir invoqué le Tout-Puisfant, on commença l'assaut ; on approcha de la muraille la seule échelle qu'on avoit, en quoi on montra plus de témérité que de valeur. Plusieurs soldats montèrent avec intrépidité, comme s'il n'y avoit eu personne dans la Place. Mais le feu que les ennemis lançoient sur nous, embrasa l'échelle, & tous ceux qui y étoient montés perdirent la vie. Les Maures comptant déja sur la victoire, firent une sortie, & nous attaquèrent en rase campagne. Nous leur fîmes tête avec un courage intrépide ; mais semblables à un fleuve qui a rompu ses digues, & qui entraîne tout sur son passage, ils redoublèrent d'efforts, nous obligèrent de reculer & de leur abandonner l'artillerie, & tous les bagages qui étoient encore sur la plage.

L'Infant qui commençoit à se repentir de son imprudence, vouloit attaquer de nouveau les ennemis, afin que les mêmes mains qui lui arrachoient la victoire, lui arrachassent aussi la vie. Mais les principaux Officiers s'y opposèrent, lui représen-

Portugais & les forcent de reculer.

tant que sa valeur n'étoit plus qu'une témérité aveugle, & qu'il sacrifioit ses soldats à une mort certaine ; que s'il avoit été grand jusques-là par ses triomphes, il devoit l'être maintenant dans ses disgraces, en montrant plus de prudence que de valeur ; que le Ciel ne vouloit point qu'il fût vainqueur dans cette rencontre, le réservant peut-être à des exploits bien plus héroïques ; & qu'il ne pouvoit mieux faire éclater sa piété en ce moment, qu'en adorant ses décrets impénétrables.

L'Infant se rendit à un Conseil si sage ; il alloit se retirer, quand il se vit attaqué par un Corps considérable de Cavalerie ennemie, qui vouloit rendre la victoire plus précieuse en le faisant prisonnier. Une telle audace met le Prince en fureur, il s'élance sur eux, combat avec tant de valeur, qu'il les poursuit tout en désordre jusqu'aux portes de la Ville. En se retirant il fait encore de nouveaux prodiges, & tombe sur un Corps de Maures plus nombreux que le premier. Il a un cheval tué sous lui ;

les Barbares enfin se croient vengés, & imaginent que le Prince ne peut plus leur échapper. Mais son danger lui donnant de nouvelles forces, il ne se contente point de se défendre, il défie l'ennemi, & le sang coule à chaque coup qu'il lui porte. Un Page de l'Infant son frère, lui ayant amené un autre cheval, il fit des prodiges de valeur qui passeroient pour incroyables, s'ils étoient attestés par moins d'Ecrivains. Ce fut ainsi qu'il se sauva, toujours taillant les ennemis en pièces, sans recevoir la plus légère blessure. Mais dans une situation si désespérée, on n'attribua point son salut à sa valeur, mais à la protection visible du Ciel. Il paroissoit impossible en effet, qu'avec des forces épuisées par tant de combats, & soutenues de si peu de monde, il pût se sauver d'un péril qui avoit coûté la vie à vingt-quatre de ceux qui le suivoient. N'oublions point parmi ce nombre Fernand-Alvares-Cabral, premier Capitaine des Gardes de l'Infant, qui se distingua par une valeur égale à celle de son maître, &

finit par une mort aussi honorable qu'un triomphe.

L'Infant se retira dans sa tente. Tout-à-coup les ennemis viennent l'attaquer, mais avec des forces plus formidables, par l'expérience qu'ils avoient des chocs précédens. Ce n'est pas sans crainte que nous rapportons ces faits ; ils sont si extraordinaires, qu'ils peuvent bien ne pas trouver de crédit dans l'esprit du Lecteur. Mais continuons de rendre hommage à la vérité & à la gloire de l'Infant, en suivant toujours les traces de nos anciens Ecrivains, qui tous ont publié ces prodiges de valeur. L'Infant sortit de sa tente pour châtier les Barbares de leur insolence, il trouva en eux une résistance proportionnée à leur nombre ; mais il les poussa avec tant de vigueur, que la foudre seule eût pu égaler la rapidité & la violence de ses coups. Quelques-uns de nos soldats, (on dit même que c'étoit des plus distingués de l'armée) eurent la lâcheté de l'abandonner à la fureur des Maures, comme pour laisser un champ plus libre à son courage. Ces lâches coururent se refugier à nos Vaisseaux dont on avoit confié la garde à Dom Pedro de Castro. Ce-Celui-ci vit leur fuite honteuse, & avoit de la peine à se le persuader. Pour les humilier par un exemple contraire, il sauta aussi-tôt de son Vaisseau, & courut affronter le péril qu'ils craignoient. Il ne manqua point de braves gens qui le suivirent, & qui cherchèrent à profiter d'une gloire que la foiblesse avoit fait perdre à leurs compagnons. Les Barbares ne revenoient point de leur étonnement à la vue d'une telle audace. Craignant qu'elle ne fût suivie d'effets funestes, ils rappellent tout leur courage, & nous enveloppent de manière que nous ne puissions point leur échapper. Le péril nous pressoit de toutes parts, il paroissoit impossible de s'y dérober. Ce fut la crainte de plusieurs, crainte bien pardonnable à des soldats pleins de bravoure, qui se voyoient environnés d'une forêt de lances. Mais les coups que l'illustre Castro & l'infatigable Dom Henri portoient aux ennemis, firent reprendre courage à nos troupes. Elles combattirent avec tant d'opiniâtreté, qu'elles soutinrent le choc des Maures pendant quatre heures, sans autre perte de notre côté, que celle de cinq soldats, *nombre qui pour avoir été souvent répété, leur parut cacher quelque chose de mystérieux.* Il périt beaucoup de Maures, nous n'en savons pas le nombre ; mais quel qu'il fût, c'étoit encore beaucoup, eu égard à la situation de nos forces.

Ainsi lutoient quatre Portugais contre ce torrent de Barbares, qui sembloient avoir appellée à eux toute l'Afrique pour défendre leurs maisons. Mais les Maures reconnurent dans cette action, que si la constance aidée du courage, ne suffisoit pas pour faire la conquête de leur pays, il n'en étoit pas moins glorieux d'en avoir formé l'entreprise. L'Infant Dom Henri sentoit bien qu'il étoit impossible de se maintenir dans une pareille position ; que la valeur même n'en pouvoit rien attendre d'avantageux, & que jamais on ne se rendroit maître de la Place. Il songea donc à regagner ſes Vaiſſeaux avec le monde qui lui reſtoit, & crut écouter la voix du Ciel en reprenant la route de Ceuta. Mais comme les ennemis lui fermoient le paſſage, il réſolut de s'en ouvrir un pendant la nuit pour faciliter l'embarquement. Un de ſes Chapelains eut connoiſſance de ſon deſſein. Il s'appelloit Martin Vieira. C'eſt pour perpétuer ſon infamie que nous le nommons. Cette ame vile, & ſans doute vendue aux Maures, leur donna avis du deſſein du Prince, & en fit manquer l'exécution.

Il en réſulta que les Maures redoublèrent d'efforts, de ſorte que nous n'étions plus aſſiégeans mais aſſiégés. Le péril croiſſoit, déja nos troupes étoient étonnées de ſe trouver une conſtance, qui paroiſſoit plutôt venir d'une force ſupérieure, que de celle de leurs bras. En effet, quoi de plus étonnant, que de voir une poignée d'hommes ſe maintenir au milieu d'une foule d'ennemis dont ils étoient inveſtis de toutes parts, ſans qu'il leur fût poſſible d'avancer

Les Maures aſſiègent l'Infant, qui les attaque de nouveau.

ni de reculer ; & dans cette position, se défendre encore avec valeur contre cette multitude formidable. Ils eurent à soutenir huit assauts différents, & les Barbares furent repoussés autant de fois avec perte, sans qu'il nous en coutât un seul homme. Ces derniers combats furent si meurtriers pour les ennemis, que de leur aveu même ils perdirent 4000 hommes, & il est vraisemblable qu'ils ne se piquèrent point de justesse dans ce calcul.

Détresse des Portugais pendant le siége.

Nous le répétons encore ; tout ceci paroîtra exagéré à ceux qui nous soupçonnent d'infidélité dans cette Histoire. Leur défiance augmentera encore, quand nous leur dirons que les Portugais étoient réduits à la dernière disette. Ils tuoient leurs chevaux pour se nourrir, & en faisoient cuire la chair avec leurs selles. Ils manquoient d'eau, souffroient le tourment d'une soif insupportable qui leur ôtoit la respiration & presque l'usage de la parole. Il y en avoit qui pour se rafraîchir la bouche, y portoient des morceaux de fer. D'autres

D'autres arrachoient les premières herbes qu'ils trouvoient, & en suçoient l'amertume avec délices. Enfin, ils étoient réduits à une telle extrémité, que sans une pluie qui vint à leur secours, la soif eût épargné aux Maures la peine d'une victoire complette.

Il n'y eut aucun Portugais qui ne se distinguât dans ces derniers combats. L'ancienne Rome eût élevé une Statue à chacun d'eux. Ceux qui se signalèrent le plus, furent l'Infant Dom Fernand, Ruy-Gomés de Silva, Dom Fernand & Dom Pedro de Castro; mais l'Histoire remarque par-dessus tous le fameux Evêques d'Evora, Dom Alvaro d'Abreu. Sa gloire sera immortelle dans les fastes de son Eglise. Car outre qu'il exerça les fonctions de Pasteur avec un zèle extrême, confessant, exhortant les troupes, il fut encore celui de tous nos Guerriers, qui fit périr plus d'ennemis, laissant à ses compatriotes de juger s'il savoit mieux se servir de la crosse que de l'épée.

Pour abattre d'un seul coup notre opiniâtre résistance, les Maures réso- *Les Maures mettent le feu aux retranche-*

ments des Portugais.

lurent de mettre le feu à nos retranchements. Le feu y prit avec violence, & ce fut alors qu'on admira l'activité de l'Infant Dom Henri, qui travailla plus que tous les autres à l'éteindre. Malgré le succès avec lequel nous nous étions tirés de toutes ces attaques, notre perte devenoit de plus en plus inévitable. A chaque instant nous nous voyions ferrés de plus près. Cependant, l'Infant savoit que les Maures avoient décidé dans leur Conseil de nous laisser le passage libre pour nous rembarquer, à condition qu'on leur rendroit Ceuta & tous les prisonniers. Situation embarrassante pour l'ame grande de Dom Henri, s'il eût voulu sauver les siens d'une mort certaine ; mais aussi il falloit sauver l'honneur du Portugal en gardant Ceuta. Les cris de ses troupes & la grandeur du péril l'emportèrent ; il consentit à traiter avec les Barbares.

On traite avec les Maures ; l'Infant s'offre pour ôtage.

Il en chargea Dom Fernand de Menezes, Ruy-Gomés de Sylva, Fernand d'Andrade, & Jean-Fernandès de Arca ; mais les Maures, qu'une proposition aussi inouïe de la part des Portugais, rendit insolents, nous attaquèrent de nouveau, comme pour constater leur victoire. Nous n'avions plus que 3000 hommes, qui mouroient de soif & de fatigue. Cependant les Barbares n'eurent point l'avantage de cette action; les mêmes soldats qui les avoient battus en tant de rencontres, ne furent, ni moins braves, ni moins heureux ; il resta beaucoup de morts sur la place, les autres prirent la fuite. Mais ils revinrent à la charge, pour venger tant de défaites multipliées. Ils se présentèrent sur la plage avec un nombre infini de combattans, en occupèrent toutes les avenues, & nous prirent par blocus ; nous imposant pour conditions, non-seulement de leur rendre Ceuta & les prisonniers, mais encore de leur livrer tout le bagage ; exigeant en outre, que nous ne leur ferions point la guerre de cent ans.

L'Infant Dom Henri s'offrit pour ôtage du traité. Mais on ne voulut point consentir à une action qui auroit mis le comble à sa gloire. Cet honneur fut réservé à l'Infant Dom Fernand, qui le méritoit par des

L'Infant Dom Fernand reste en ôtage.

G ij

vertus, qui dès ce tems-là lui valurent le titre de *Saint*. Du côté des Maures, Zala-Benzala qui gouvernoit Tanger avec plus de bonheur qu'il n'avoit gouverné Ceuta, nous donna pour otage son propre fils, qu'il remit entre les mains de Ruy-Gomés de Sylva, retenant pour garantie, Jean-Gomés de Avelar, Pedro d'Ataïde, Ayres-de-Cunha, & Gomés de Sylva, Seigneurs auxquels leur courage avoit donné beaucoup de considération parmi ces Barbares.

Peu d'heures après les Maures oublièrent leurs engagements. Ils nous attaquèrent de nouveau, craignant que notre valeur ne se rallumât comme un feu caché sous la cendre ; ils ne se trompoient point dans leurs conjectures. A peine nous eurent-ils attaqués, que révoltés d'un procédé aussi infâme, nous fîmes face à leur multitude, & chacun de nous se mit en devoir de châtier une perfidie qu'on ne s'attendoit pas à trouver, même chez des Barbares. Il n'y eut pas de coup qui ne portât; l'Infant Dom Henri sur-tout parut comme un foudre qui renverse tout ce qu'il rencontre sur son passage. Il les poursuivit jusqu'à la plage, où le combat, pour être plus vif, n'en fut que plus glorieux. Nous nous battions en désespérés: les Maures de leur côté nous chargeoient avec plus de fureur, pour ne pas se retirer sans vengeance. Le sang couloit à grands flots, & il étoit toujours douteux que nous pussions nous rembarquer. Mais la constance & la valeur triomphèrent à la fin; les Maures se retirèrent, & nous eûmes le chemin ouvert pour regagner nos Vaisseaux.

Ainsi finit la malheureuse expédition de Tanger. Le monde qui ne juge des entreprises que par le succès, regarda celle-ci comme une tache pour la gloire de l'Infant Dom Henri. Mais nous, au contraire, pensant aux prodiges de valeur qu'il fit pendant vingt-cinq jours qu'il assiégea les ennemis, & douze qu'il en fut assiégé; considérant qu'une foible armée de 4000 Portugais, couvrit le pays ennemi de 5000 morts; que l'Infant eut non-seulement le courage de défier une multitude innombrable, mais encore de la vaincre en plusieurs rencontres ; il nous semble que de tels exploits égalent le plus beau triomphe. Du reste, nous nous en rapportons à l'expérience des gens du métier. Qu'ils nous disent, si dans cette occasion-ci nous faisons une fausse application du mot de victoire.

Arrivée de l'Infant à Ceuta ; il tombe dangereusement malade. L'Infant arriva à Ceuta, & soit chagrin, soit épuisement, il tomba dangereusement malade. L'Infant Dom Juan qui étoit parti d'Algarve pour lui porter du secours, vint le trouver dès qu'il fut informé de son état. Là ils convinrent entre eux des moyens de faire rendre la liberté à leur frère Dom Fernand. Il fut résolu qu'on envoieroit offrir en sa place le fils de Zala-Benzala, n'étant plus question de remplir les autres conditions du traité que les Maures avoient rompu avec tant de perfidie ; & que si la proposition n'étoit point acceptée, ils confieroient la Justice de leur cause à la voie des armes. Le Courier expédié à cet effet alloit partir ; mais il fut arrêté par les vents contraires ; ce qui n'empêcha point que Zala-Benzala n'eût avis de cette négociation par une autre voie.

Le Barbare qui confervoit un reſſentiment profond de ſa diſgrace de Ceuta, voulant rétablir l'honneur de ſon nom, réſolut de ſacrifier les ſentimens de père à ceux de citoyen, & répondit à la propoſition qu'on lui faiſoit, qu'il donneroit tous ſes enfans pour ravoir Ceuta. L'Infant ſachant à quoi s'en tenir par cette réponſe, envoya les priſonniers à Algarve, & écrivit au Roi une lettre dont il chargea l'Infant Dom Juan, dans laquelle il rendoit compte du ſuccès de ſa négociation & de celui de ſes armes, le conſolant d'avance par un récit fidèle de la valeur de ſes ſoldats, qui auroient pu, diſoit-il, remporter plus d'avantages en Afrique, mais non pas plus de gloire. Dans ſa réponſe, le Roi tâcha de calmer le chagrin de ſon frère; & craignant que ce remède ne fût point aſſez efficace pour une ame auſſi haute que la ſienne, il lui fit dire de ſe rendre auprès de lui, afin de diſſiper ſa triſteſſe par les plus vifs témoignages de la ſatisfaction qu'il avoit de ſes ſervices. L'Infant trouva moyen de s'en excuſer; & ſa réponſe fut, qu'ayant eu son frère pour compagnon de son expédition & maintenant de sa disgrace, il n'avoit pas le courage de reparoître en Portugal ; que s'il falloit retourner en Afrique pour traiter de sa rançon, il étoit bien plus à portée en demeurant à Ceuta.

L'Infant arrive à Algarve, & confère avec le Roi sur la délivrance de l'Infant Dom Fernand.

Dans cette espérance, l'Infant passa cinq mois dans cette Place. Mais comme il vit que toutes ses démarches étoient inutiles, & qu'il n'y avoit que le Roi qui pût en hâter le succès, il résolut d'aller le trouver à Algarve. Mais sachant qu'il étoit parti d'Évora pour se rendre à Portel, il fut l'y joindre, & en fut reçu avec une tendresse que son chagrin ne lui permettoit pas d'espérer. Il fut aussitôt question des moyens de faire rendre la liberté à leur frère. L'Histoire nous a conservé l'opinion de l'Infant sur cet objet. Les politiques d'alors ne l'approuvèrent point. Le lecteur en jugera. Sire, (disoit Dom Henri), mon cœur est combattu par deux passions différentes ; l'amour est le principe de toutes les deux, mais l'objet n'en est pas le même. C'est l'amour de la Patrie, tantôt vainqueur, tantôt vaincu par celui du sang, qui trouble & confond mes pensées. Je desire ardemment la liberté d'un frère, & je sens qu'à cet égard il m'est impossible d'acquitter les sentiments de mon cœur. Mais je sens encore plus vivement, que Ceuta doit être le prix de sa rançon, ce qui justifie assez l'incertitude où je suis. Je ne considère déja plus cette Place comme une conquête plus glorieuse pour vous que la Couronne du Portugal ; une conquête, qui a coûté à votre Noblesse des torrents de sang, & où vous vous êtes distingué vous-même par des prodiges de valeur. Je considère Ceuta comme une porte qui vous est ouverte pour assurer tôt ou tard la conquête de l'Afrique à vous ou à vos successeurs ; si en héritant de votre sceptre, ils héritent aussi de votre courage. Mais quelque grand que soit ce motif, il en est un plus intéressant, celui de la Religion. Dieu est déja adoré dans Ceuta, les Mosquées sont devenues ses Temples, la semence de l'Evangile y fait des progrès. Faudra-t-il qu'elle en soit arrachée dès sa naissance ? On dira que c'eſt moi qui ai mis en péril la cauſe de Dieu, après m'en être montré le défenſeur. Cependant le Ciel m'eſt témoin de la néceſſité extrême qui m'y a forcé, ne voulant point expoſer la vie de tant de braves gens, à la fureur inévitable des Barbares. Mais puiſque nos ennemis ſe jouant de leur parole, nous ont rendu la nôtre, en nous obligeant à repouſſer leurs hoſtilités par la même voie, la Religion reprend tous ſes droits; & autant il paroiſſoit convenable auparavant de leur abandonner notre conquête, autant nous ſommes obligés aujourd'hui de la conſerver. Alors c'étoit la néceſſité de nos affaires qui nous y forçoit, maintenant c'eſt la perfidie des ennemis qui nous délie de nos ſermens; & comme votre valeur, & encore plus votre piété, vous font ſentir la force de mes raiſons, je ſuis d'avis que vous donniez pour la rançon de votre frère, tous les priſonniers que nous avons faits ſur les Maures, & tous ceux que vous pourrez vous procurer des Royaumes Etrangers. Ouvrez vos tréſors, & prodiguez-les pour ſa délivrance. Si les Barbares y confentoient, ah! j'irois moi-même me mettre à fa place dans leurs fers, comme je le follicitois avec inftance, lorfqu'il leur fut donné en ôtage. Mais fi les Maures ne font point contents du prix que nous mettons à fa liberté, donnez-moi 24000 hommes, & je vous réponds fur ma tête, que je vous rends maître de toute l'Afrique. Mais de leur livrer Ceuta, c'eft une chofe à quoi mon amour pour la Patrie & mon zèle pour la Religion, ne confentiront jamais.

Le Roi répondit comme il convenoit à ce difcours de l'Infant, & l'affura qu'il alloit s'occuper férieufement de la rançon de fon frère. Mais la mort ne lui en donna pas le temps. Il mourut à Thamar peu de mois après; l'Infant Dom Henri ne fut point préfent à fes derniers momens. Il y avoit déja quelque temps qu'il s'étoit retiré à Lagos, plongé dans la mélancholie, & fe dérobant aux murmures de la Cour. Cependant, dès qu'il eut reçu la nouvelle de la mort du Roi, il fe rendit à fes obfeques, & demeura à la Cour par ordre de la

Le Roi meurt à Thamar. Conduite de l'Infant pendant la Régence.

Reine, pour assister aux conseils qu[i]
se tenoient sur le gouvernement d[u]
Royaume pendant la minorité d[u]
nouveau Roi. Les démêlés de [la]
Reine avec l'Infant Dom Pedro
précipitèrent le retour de Dom Hen[ri]
dans ses terres d'Algarve. Il voulu[t]
prévenir l'orage qui se formoit à [la]
Cour, par la haine que l'on porto[it]
à la régence. Cependant il vint quel[-]
quefois au Conseil, quand on l'y ap[-]
pella. Mais s'étant apperçu que [la]
Reine faisoit tous ses efforts pour [le]
brouiller avec Dom Pedro son frère[,]
il se tenoit éloigné de la Cour tan[t]
qu'il pouvoit. Comme il ne se pass[a]
rien de bien important pendant l[a]
minorité de son neveu, nous laisse[-]
rons quelques faits de peu de consi[-]
dération à ceux qui écriront l'Histoir[e]
de cette Régence.

*Fin du Livre second & de la premièr[e]
Partie.*

www.ingramcontent.com/pod-product-compliance
Lightning Source LLC
Chambersburg PA
CBHW050341170426